저출산의 원인과 해법

저출산의 원인과 해법

발행일	2024년 1월 31일		
지은이	김민식		
펴낸이	손형국		
펴낸곳	(주)북랩		
편집인	선일영	편집	김은수, 배진용, 김부경, 김다빈
디자인	이현수, 김민하, 임진형, 안유경	제작	박기성, 구성우, 이창영, 배상진
마케팅	김회란, 박진관		
출판등록	2004. 12. 1(제2012-000051호)		
주소	서울특별시 금천구 가산디지털 1로 168, 우림라이온스밸리 B동 B113~114호, C동 B101호		
홈페이지	www.book.co.kr		
전화번호	(02)2026-5777	팩스	(02)3159-9637

ISBN   979-11-93716-54-0 03330 (종이책)   979-11-93716-55-7 05330 (전자책)

(주)북랩 성공출판의 파트너
북랩 홈페이지와 패밀리 사이트에서 다양한 출판 솔루션을 만나 보세요!
홈페이지 book.co.kr   •   **블로그** blog.naver.com/essaybook   •   **출판문의** book@book.co.kr

작가 연락처 문의 ▸ ask.book.co.kr
작가 연락처는 개인정보이므로 북랩에서 알려드릴 수 없습니다.

김민식
지음

왜, 한국의
저출산 문제는
망국병이란
인식에도
불구하고
전혀 해결될
기미가
안 보일까?

저출산의 원인과 해법

두리저출산연구소
김민식 소장이
명쾌하게
그 원인을
진단하고
강력한 해법을
제시한다!

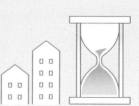

북랩

우리나라 인구는 2019년 11월, 5,185만 1,427명을 정점으로 찍은 후 2041년에는 5,000만 명 아래로 내려가고 2065년에는 4,000만 명 아래로 내려갈 것으로 전망된다.

빠르게 진행되는 인구감소로 많은 변화가 예상된다. 생산가능인구 감소에 따른 노동력 부족, 근로 연령의 상승, 소비·저축·투자의 위축과 정부 재정수지 악화, 내수 위축, 저금리, 부동산 가격의 하락, 세금 증가 등 총체적으로 잠재성장률의 둔화를 가져오게 된다. 국가의 역동성은 떨어지고 그야말로 늙고 희망이 없는 나라가 된다. 작은 위기에도 흔들리는 취약한 국가가 된다. 군인 감소로 국방력이 약해져 주변 국가의 눈치를 보며 숨죽이며 살아야 하는 국가가 된다.

인구감소는 저출산에 기인한다. 저출산이 많은 심각한 문제를 야기하는데 점점 더 많은 사람이 아이 낳기를 기피하여 저출산 문제가 심화되고 있다. 저출산 문제가 무서운 이유는 출산율이 낮은 것도 있지만, 치유가 매우 어렵고 그 기세가 좀처럼 죽지 않는다는 데 있다. 저출산을 일으키는 동인이 사회의 중심 가치로 자리 잡고 있기 때문이다.

사람들은 아이 안 낳는 이유를 경제적인 이유나 근로환경, 육아환경을 문제 삼는다. 하지만 이것은 표면상의 이유에 불과하다. 실제 이유는 자녀가 부모의 인생에 도움이 안 되기 때문이다. 문제는 국민 개인은 아이가 필요 없을지 몰라도 국가와 사회는 여전히 많은 아이를 필요로 한다는 것이다. 일을 하고 나라를 지키고 소비하고 세금을 낼 많은 젊은이가 필요하다. 이것이 바로 저출산 문제의 딜레마이다. 아이를 낳는 것은 국민이나 국민은 아이가 필요하지 않다는 것이다.

저출산 문제를 해결하고자 세계 여러 나라에서 큰 노력을 해 왔다. 하지만 어느 나라도 만족할 만한 성과를 얻지 못했다. 우리나라는 많은 돈을 퍼부었으나 전혀 효과가 없었다. 오히려 출산율이 더욱 하락하고 있다. 지금까지의 저출산 대책에 문제가 있음을 말해 준다.

문제를 해결하려면 우선 문제의 원인을 파악해야 한다. 그래서 이 책에서는 저출산 문제의 원인을 분석하고 이해하는 데 많은 부분을 할애했다. 인간의 본질을 파헤치기도 하였다. 또한 저출산에 의한 사회변화를 조망하여 다가오는 미래를 준비하는 데 도움이 되도록 하였다. 간절한 마음으로 저출산의 해법도 제시하였다.

제1장 저출산의 원인에서는 저출산의 원인이 무엇인지, 왜 아이를 안 낳는지 그 근본 원인을 파악하도록 한다.

제2장 인간의 이해에서는 인간의 본질을 파헤쳐 저출산을 유발

하는 인간을 이해하도록 한다.

제3장 저출산의 이해에서는 저출산 문제의 본질과 저출산 현상을 이해하도록 한다.

제4장 오만과 편견에서는 저출산에 대하여 잘못 알려진 것들을 다루고자 한다.

제5장 저출산의 미래에서는 저출산으로 예상되는 미래 사회를 들여다보고자 한다.

제6장 다른 나라의 사례에서는 세계 다른 나라에서는 어떻게 저출산 문제를 해결해 왔는지 살펴본다.

제7장 저출산의 해법에서는 저출산을 해결할 수 있는 구체적인 방안에 대하여 제시하고자 한다.

저출산 문제는 국민의 이해가 없이는 해결 불가능하다. 이 책이 저출산 문제를 이해하고 해결하는 데 도움이 되었으면 한다. 우리나라가 저출산에서 벗어나는 데 조금이라도 도움이 되었으면 하는 바람이다.

저출산으로 인하여 이미 심각한 사회 변화가 빠르게 진행되고 있다. 이 책이 망국병 저출산 문제를 해결하고, 변화의 소용돌이에서 지혜롭게 미래를 준비하는 데 도움이 되었으면 한다.

전국이 아이들로 가득 차고, 어느 지역에나 젊은이들로 활기찬 세상을 꿈꿔본다.

2024년 1월 1일

두리저출산연구소장 김민식

차례

제3장 **저출산의 이해**

제4장 오만과 편견

제5장 저출산의 미래

제6장 다른 나라의 사례

제1장

저출산의 원인

세계 인구 증가의 역사

세상에서 가장 어려운 일 세 가지가 있다고 한다. '하늘에서 별을 따는 것', '스님 머리에 머리핀 꽂는 것', '65세 이상 된 노인이 아내에게 존경받는 일'이라 한다. 그런데, 이것보다 더 어려운 일이 있다. 그것은 저출산 문제이다. 병을 고치려면 먼저 무슨 병인지 알아내고 원인을 파악해야 한다.

저출산 문제를 이해하기 위하여 인구가 어떻게 증가해 왔는지를 알아보자.

인간은 300만 년 전에 탄생했다고 한다. 이때 탄생한 인간은 아주 오랫동안 그 수가 거의 증가하지 못했다. 삶의 환경이 매우 나빴기 때문이다. 식량이 절대적으로 부족하여 굶어 죽는 경우가 많았으며, 다른 인간에게 살해되는 경우도 많았다. 부족 간의 전쟁으로 죽는 경우도 많았다. 맹수에게 잡아 먹히는 예도 있었으며, 각종 전염병으로 죽는 경우도 많았다. 혹한과 혹서, 홍수 등에도 시달려야 했다. 이러한 이유로 299만 년 동안 인구는 거의 증가하지 못했다.

인구가 증가하게 된 첫 번째 사건은 BC 1만 1천 년경에 발생한다. 현재의 터키, 요르단, 이란 등의 지역에서 농경이 시작되어 유럽, 아시아, 동아프리카 지역으로 전파된다. 농경으로 인하여 식량이 증산되면서 인구가 빠르게 증가하여 BC 1만 년경에는 인구가 500만 명에 이른다.

다음 사건은 BC 3천 년경에 발생한다. BC 3200년경에 메소포타미아 지역에서 도시국가가 탄생하고, BC 3100년경에는 이집트에서 국가가 탄생한다. 그 후 인도, 중국에서 국가가 탄생한다. 국가가 탄생하기 전에는 살인, 강도, 도둑에 대한 국가적 처벌이 어려웠다. 따라서 개인 간 또는 집단 간의 분쟁이 많아 15% 이상의 사람들이 피살되어 죽었다. 국가가 탄생하여 법을 만들어 국가가 통제함에 따라 사회가 안전하게 되었다. 국가가 탄생함으로써 홍수와 가뭄을 공동으로 대처하기도 하였다. 국가의 탄생 덕분에 BC 2500년경에는 인구가 1억 명으로 증가한다.

다음으로 인구가 많이 증가하게 된 사건은 1492년에 발생한다. 콜럼버스가 아메리카 대륙을 발견한 후 토마토, 옥수수, 감자, 고구마 등의 작물이 전 세계에 전파된다. 특히 감자는 1700년대 후반에 러시아와 유럽 전역에서 재배되어 식량 증산에 크게 기여한다. 현재 생산량이 가장 많은 작물인 옥수수도 인구 증가에 큰 몫을 한다. 아메리카 대륙에는 돼지, 소, 양 등의 가축과 벼, 밀 등의 곡물이 유입되어 식량이 증가한다. 말이 유입되어 이동의 범위도 크게 넓어진다. 그 결과 전 세계 인구는 폭발적으로 증가한다. 콜럼버스 덕분에 1800년경에는 인구가 10억 명에 도달한다.

다음 사건은 1763년에 발생한 산업혁명이다. 산업혁명으로 인하여 농업이 기계화되고 농업기술이 발달하여 생산량이 급증하게 되었으며, 과학의 발달로 의학이 발달하기 시작한다. 산업혁명 덕분에 1920년에는 20억 명에 도달한다.

다음 사건은 1796년에 개발된 천연두 백신이다. 백신의 발명으로 걸리면 30% 정도가 죽던 천연두를 퇴치할 수 있게 되었으며, 그 후 결핵, 콜레라, 소아마비, 홍역, 간염, 폐렴 등의 백신이 개발되어 70%의 사람들이 생명을 구할 수 있게 되었다. 그 결과 1960년에는 30억 명을 돌파하게 된다.

그다음 사건은 1913년 프리츠 하버에 의하여 개발된 질소비료이다. 비료의 출현으로 식량 생산량은 몇 배 이상 증가한다.

그 후에도 식량 생산량은 더욱 증가하고 의학은 눈부시게 발달하여 2011년에는 70억 명을 넘어서고 2022년 11월에는 80억 명을 돌파한다.

안전의 확보, 식량의 증가, 의학의 발달에 따라 빠르게 증가하던 인구는 이제 그 증가 속도가 느려져 2086년 104억 명에 도달한 후 서서히 감소할 것으로 전망된다.

식량 생산량은 계속 증가하고, 의학은 눈부시게 발전하며, 사회는 더욱 안전해지는데, 왜 인구는 감소하기 시작할까? 모든 것이 풍요롭기만 한 세상에서 무엇 때문에 인구가 감소하는 것일까?

세계 인구 변화 추이

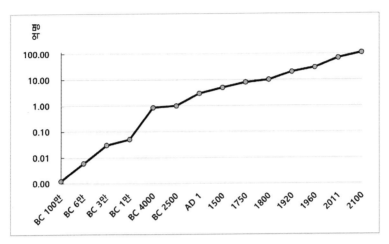

≫ 산업혁명 이후 식량의 증산과 함께 빠르게 증가하던 세계 인구는 2086년 104억 명으로 정점을 찍은 후 감소할 것으로 예상된다.

우리나라 인구 증가의 역사

우리나라의 인구는 어떻게 변해왔을까? 우리나라 최초의 국가인 고조선의 인구는 30만 명 정도로 추정된다. 고조선 시대에는 BC 7세기경에 벼가 유입되었으며, 이어서 밀과 콩이 들어왔다. 벼와 밀, 콩의 유입으로 인하여 식량 생산량이 증가하여 인구가 많이 증가하였을 것으로 추정된다. 고조선은 우리나라 최초의 국가로서 치안을 확보하여 인구 증가의 기틀을 다지게 된다.

새로 유입된 작물과 넓어진 영토 덕분에 삼국시대에는 인구가 650만 명까지 증가한 것으로 추정된다. 삼국시대에는 보리가 유입된다.

통일신라시대에는 대부분의 고구려 영토와 고구려 사람들을 잃었음에도 상당 기간 전쟁이 없어 인구가 적지 않았을 것으로 추정된다. 인구가 400만 명 정도였을 것으로 추정된다.

고려시대 초기에는 후삼국 시대의 전쟁과 거란과의 전쟁으로 인구가 감소하여 300만 명 정도였으나, 몽골과의 전쟁이 끝난 고려 후기에는 400만 명으로 증가하였을 것으로 추정된다. 몽골과의 전쟁이 끝나 사회가 안정되었으며 새로운 작물이 유입되었기 때문이다. 고려시대에는 배추, 수박, 상추, 생강, 목화 등의 작물이 유입된다. 특히, 목화로 서민들이 입을 수 있는 유일한 보온성 옷감을 만들어 추위를 피할 수 있게 되어 인구 증가에 크게 기여한다. 고려시대에는 송나라로부터 모내기가 도입되어 쌀 생산량이 증가한다.

조선의 세종 시대에는 인구가 많이 증가하여 600만 명에 이르게 된다. 농사 기술의 보급으로 식량 생산량이 네 배나 증가한 덕분이다. 또한 몽골과의 전쟁 이후 200년 이상 전쟁이 없었기 때문이다.

1600년경에는 임진왜란과 병자호란, 전염병 등으로 인구가 350만 명 정도로 감소한다. 전쟁이 발발하여 치안이 무너지자, 강도와 도적이 횡행하여 농사를 지을 수 없어 농업생산량이 많이 감소하였기 때문이다. 임진왜란 동안 인구의 절반이 굶어 죽었는데, 이것은 치안이 확보되지 않아 농사를 지을 수 없었기 때문이다.

병자호란 후에는 인구가 서서히 증가하여 1800년경에는 600만 명 정도로 회복된다. 이것은 16세기 중엽에 유입된 옥수수, 1605년에 유입된 호박, 1764년에 유입된 고구마 덕분이다. 1824년에 유입된 감자는 1900년경에 전국적으로 재배되어 식량 증산에 크게 기여한다. 이들 새로운 작물 덕분에 1911년에는 인구가 1,406만 명으로 증가한다. 이때 들어온 옥수수와 감자는 현재 식량이 부족한 북한의 주식으로 자리 잡아 북한의 인구 증가에 크게 기여하고 있다.

1900년 이후에는 사과, 토마토, 포도 등의 새로운 작물뿐만 아니라 신품종 작물, 신품종 가축, 비료, 농약, 농기계 등이 도입되어 농업생산량이 빠르게 증가한다. 축산업과 수산업도 발달하기 시작하여 식량 생산은 더욱 증가한다. 철도 등의 교통이 좋아져 농산물이 전국적으로 유통되게 된다. 특히, 바닷가로부터 생선이 내륙으로 운송되어 식량이 많이 증가하는 효과가 나타난다. 식량 증가에 따라 1945년 인구는 2,700만 명으로 증가한다.

해방 후에는 남북한으로 분단되어 남한에는 1,700만, 북한에는 1,000만으로 나뉜다.

1950년대에는 한국전쟁으로 남한에서 100만 명 정도가 사망하였고 매우 가난했음에도 불구하고 인구가 빠르게 증가한다. 미국에서 많은 식량과 의약품을 원조해 주었기 때문이다. 항생제 덕분에 병균에 의한 사망자가 감소하였고, 1960년대까지 사람의 목숨을 가장 많이 빼앗아 갔던 결핵의 치료제가 보급되어 결핵에 의한 사망자가 급감했기 때문이다. 1954년부터는 천연두, 결핵 등 7종의 백신을 접종하여 50% 정도였던 영유아 사망률이 급감한다. 이 당시에는 영유아 사망률이 높아 '자식 농사를 반타작하면 잘한 것'이라고들 했다. 아이들이 태어나면 절반 정도는 어린 나이에 죽어 반타작이 보통이었다. 그래서 아이가 태어나면 1년 후에 출생등록을 하였다. 1954년부터 백신 접종을 하여 생존하는 아이의 수가 증가하자 1955년부터 출생등록 아이의 수가 급증한다.

1960년대 이후에는 농업, 축산업, 수산업이 발달하여 식량 생산량은 더욱 증가하고 식량의 수입도 많이 증가하여 더 이상 굶어 죽는 사람들이 사라지고 식량 걱정이 없게 된다. 2018년 식량 수입은 전체 식량 소비량의 76%에 이른다. 의학도 눈부시게 발전하고, 범죄는 감소하며, 전쟁도 없어 2019년 인구는 5,185만 명에 이른다.

이렇게 빠르게 증가하던 우리나라의 인구는 2019년 11월, 5,185만 1,427명으로 정점을 찍은 후 감소하기 시작한다.

식량의 증가, 의학과 위생의 발달, 범죄의 감소에 따라 인구는 증가해 왔는데, 현재는 식량이 남아돌고, 의학과 위생은 나날이 좋아지며, 사회는 더없이 안전한데, 왜 인구는 더 이상 증가하지 않고 감소하는가? 무엇 때문에 결혼을 기피하고 아이를 낳지 않는가?

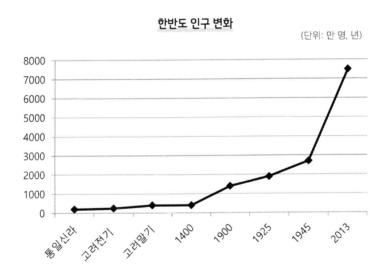

한반도 인구 변화

(단위: 만 명, 년)

> 한반도의 인구는 통일신라시대 200만 명에서 서서히 증가하여 고려 말기 400만, 조선 후기 1,400만으로 증가한 후 해방 이후 급격히 증가하여 2013년 현재 7,500만 명에 이른다.

주요 작물의 도입 시기

작물	도입 시기	원산지
벼	기원전 3~4세기	동남아시아
인삼	기원전 3세기	
밀	기원전 2~3세기	서남아시아
콩	기원전 1세기	만주
배	삼한시대	인도
뽕나무	삼한시대	인도
보리	100년 경	서남아시아
포도, 감귤	고려시대	포도: 지중해
수박	고려시대	아프리카
배추, 상추, 생강	고려시대	배추: 중국
목화	1363년	인도
고추	1600년경	아메리카
호박	1605년경	중앙아메리카
담배	1610년경	아메리카
옥수수	1500년대 중엽	중앙아메리카
고구마	1764년	아메리카
감자	1825년경	아메리카
커피	1882년경	아프리카
설탕	1900년대 초	
사과	1900년대 초	중앙아시아
토마토	1900년대 초	아메리카
당근, 쑥갓, 시금치, 비름, 두릅, 송이버섯	조선시대	

》 임진왜란 이후 100년 동안 고추, 호박, 옥수수 등의 작물이 도입되어 먹을거리가 풍부해졌으며 이에 따라 인구도 증가하였다.

  * 우리나라 토착 과일: 복숭아, 살구, 밤, 호두, 감, 자두, 앵두, 대추, 매실, 능금, 도토리, 개암
  * 삼국시대 채소: 오이, 가지, 무, 파, 미나리, 도라지, 참외, 박, 아욱, 연근, 토란, 더덕

신문 방송에서 주장하는 저출산의 원인

저출산 현상의 원인에 대하여 다양한 주장이 있지만, 지난 20여 년 동안 신문 방송에서 지속해서 주장한 원인은 다음과 같다.

첫째, 경제적 결핍이 저출산의 원인이다. 소득의 부족, 소득의 불안정, 고용의 불안정, 청년 실업 등이 원인이라는 것이다. 아이를 낳아 키우는 데 많은 돈이 필요하므로 경제적 결핍이 저출산의 원인이라는 것은 합리적인 주장처럼 보인다.

둘째, 일-가정 양립이 곤란하여 출산을 피한다. 여성에게 육아 부담이 편중되어 있고, 근로환경이 열악하여 아이를 낳아 키우기 어렵다는 것이다. 아이를 낳아 키우는 데 많은 시간과 노동이 필요하므로 일을 하며 아이를 키우기 어렵다는 주장도 지극히 타당한 것처럼 보인다.

셋째, 자녀 양육 비용 부담이 원인이다. 교육비가 많이 들고, 집값이 매우 비싸 아이를 낳아 키우기 어렵다는 것이다. 사교육에 많은 돈을 지출하는 우리나라에서 공감이 가는 주장이다.

이러한 주장은 매우 타당한 것처럼 보인다. 정부는 이러한 원인을 해결하고자 2006년부터 저출산 예산을 지출하기 시작하여, 2022년에는 51.7조 원, 출생아 수 24만 9천 명 한 명당 2억 7백만 원 이상의 예산을 썼다. 하지만 출산율은 더욱 하락하였다. 무엇이 잘못되었는가?

경제적 결핍과 고용의 불안정이 저출산의 원인이라는 주장은 사실인가?

2016년 우리나라 여성 공무원의 32.3%는 결혼하지 않고 있다. 공무원은 가장 안정적인 직업임에도 불구하고 비혼 비율이 매우 높다. 이러한 비혼 현상은 안정적인 직업이라는 은행원, 공공기업, 교사에서 특히 높다. 또한 고수익 직업이면서 안정적인 직업인 의사, 변호사 등의 비혼율도 매우 높다.

외국의 경우를 보면, 좋은 일자리가 많은 선진국일수록 혼인율과 출산율이 낮고, 좋은 일자리가 부족한 가난한 국가일수록 혼인율과 출산율이 높다. 이상 살펴본 바와 같이 경제적 결핍, 고용 불안정이 저출산의 원인이라는 주장은 사실이 아니다.

여성에게 편중된 육아 부담이 저출산의 원인이라는 주장은 사실인가?

육아 부담이 여성에게 편중되어 직장에 다니면서 아이를 키우기 어렵다면, 직장에 다니지 않는 전업주부는 아이를 많이 낳아야 할 것이다. 하지만 5년 이하 신혼부부 통계를 보면 전업주부의 출산율이나 맞벌이 주부의 출산율이나 큰 차이가 없다. 2014년 0.73, 0.66으로 전업주부의 출산율이 조금 높기는 하나 그 차이가 매우 작다.

외국의 경우를 보면 여성이 육아를 전담하는 이슬람 국가, 아프리카 국가의 출산율은 오히려 높다. 우리나라에서도 여성이 육아를 전담하던 조선시대의 출산율은 매우 높았다. 반면에 양성평등이 잘 되어 있는 서유럽 국가의 출산율은 낮다. 남녀평등을 추구하는 사회주의 국가의 출산율은 더욱 낮다. 이처럼 여성에게 편중된 육아 부담은 저출산의 원인이 아니며 실제는 반대로 여성에게 육아 부담이 편중될수록 출산율은 높다.

교육비 등의 자녀 양육비가 저출산의 원인인가?

자녀 양육비가 원인이라면 소득이 낮은 가구일수록 출산율이 낮고 소득이 높은 가구일수록 출산율이 높아야 할 것이다. 하지만, 실제는 정확하게 반대이다. 소득이 높을수록 출산율은 낮고, 소득이 낮을수록 출산율은 높다. 양육비 부담이 저출산의 원인이라면 무상 교육하는 사회주의 국가와 서유럽 국가의 출산율은 높아야 하는데, 실제는 매우 낮다. 반면에 소득에 비하여 교육비가 비싼 아프리카 국가의 출산율은 오히려 높다. 이처럼 교육비가 비싸서 아이 못 낳는다는 주장 또한 사실이 아니다.

이상 살펴본 바와 같이 경제적 결핍, 여성의 육아 부담, 양육비 부담 등은 저출산의 원인이 아님에도 불구하고, 왜 신문 방송에서는 이런 거짓말을 끊임없이 하는 것일까?

PS

2000년경부터 저출산 문제가 신문 방송에서 등장하기 시작하였다. 어느 날 TV 기자가 길거리에서 인터뷰하였다. 어떤 여성에게 '왜 아이를 안 낳느냐?'라고 질문하니, 그 여성은 '종종 야근해야 하는데, 이런 근무 환경에서 어떻게 아이를 낳아 키울 수 있겠느냐? 만약 아이가 감기라도 걸리면 어떻게 돌봐주고 병원에는 누가 데려가겠느냐?'고 답했다. 또 다른 여성은, '아이를 낳아 키우려면 수억 원의 돈이 든다는데 자신의 벌이로는 도저히 감당이 안 된다. 양육비가 많이 들어 도저히 낳을 수 없다.'라는 것이었다. 다른 TV 뉴스에서도 이와 같은 인터뷰가 여러 번 방송되었다.

그 인터뷰를 보면서 다음과 같은 의문이 생겼다. '그래, 저 직장 여성은 고달픈 직장 생활 때문에 아이를 낳기 어려운 거구나. 그런데, 결혼한 여성의 50%는 전업주부인데, 왜 그들도 아이를 안 낳는 것인가? 그들은 출근도 하지 않고 야근도 하지 않으니 저런 고충이 없는데 말이다.' 돈 없어 아이 못 낳는다는 여성에 대해서는, '월급이 적어 아이 못 낳는 거구나. 그런데, 부자들만 산다는 강남 지역의 출산율은 왜 가장 낮을까? 그들은 양육비 걱정 없으니, 아이를 여럿 낳아야 할 것 아닌가? 왜 여성들의 주장이 현실과 다를까?' 이런 의문이 떠올랐다. 또한 이런 뻔한 거짓말을 누가 무슨 목적으로 만들어 내는지 궁금하였다. 이런 의문으로부터 저출산 문제에 관하여 관심을 두게 되었다.

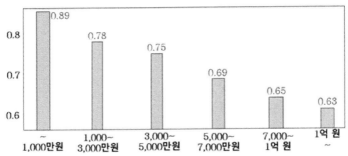

소득 vs 출산율(맞벌이 부부)

- 임금근로자, 신혼부부, 5년 이하, 조훈, 2015년, 통계청

〉 소득이 높을수록 아이를 안 낳는다. 양육비가 부담되어 아이를 못 낳는 것이라면 소득이 높을수록 아이를 많이 낳아야 하나 실제는 반대이다. 양육비가 많이 필요하여 아이 못 낳는다는 주장은 사실이 아니다.

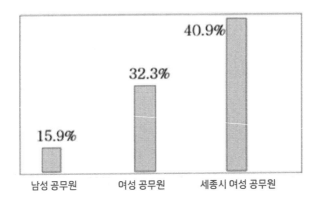

공무원 vs 비혼율

〉 안정적인 직업인 공무원들의 비혼율이 높다. 경제적인 이유로 아이 못 낳는다는 말은 거짓이다.

* 전국 지방자치단체 공무원 비혼율, 2016년, 행정자치부

신문 방송에서 거짓을 말하게 되는 이유

경제적 결핍이나 여성의 육아 부담, 양육비 부담 등이 저출산의 주요 원인이 아님에도 불구하고, 왜 신문 방송에서는 이런 사실과 다른 주장을 끊임없이 하는 것인가?

인간이 자기 재산을 한없이 키우고 권력을 탐하듯이, 정부의 부처도 표면적으로는 주어진 과제를 달성하는 것에 목표를 두지만, 내부적으로는 예산 증액과 권한 확대를 추구한다. 그래야 소속 부처가 커지고 권한이 확대되며 승진 기회도 많아지기 때문이다. 이것은 모든 조직의 속성이고 인간의 속성이다. 정부의 부처는 산하 연구기관을 두고 있는데, 이들은 과제 달성을 위한 업무를 수행하지만, 예산 증액과 권한 확대의 논리도 제공한다. 일부 대학교수도 이러한 업무에 참여한다.

예산 증액과 권한 확대를 위해서는 국민의 동의와 지지가 필요하다. 그래서 정부 부처에서는 예산 확대의 당위성을 끊임없이 홍보

한다. 산하 연구기관에서 만든 논리를 언론에 배포하면 신문 방송에서 국민에게 홍보한다. 보건복지부도 이와 같은 활동을 지속해서 실시하였으며, 그 결과 2005년 50.8조 원이던 복지 예산은 2020년 180.5조 원으로 증액되었다. 저출산 예산은 2010년 6조 6,830억 원에서 2022년 51조 7,000억 원으로 많이 증가하였다. 12년 만에 7.7배나 증가한 것이다. 복지 예산과 저출산 예산을 이렇게 빠르게 증액시킬 수 있었던 것은 보건복지부에서 명분과 논리를 잘 만들어 대국민 홍보를 잘했을 뿐만 아니라, 저출산 분야는 검증이 어려워 진실이 드러나기까지 오랜 시간이 소요되거나 영원히 진실이 드러나지 않아 마음먹은 대로 조작이 가능하기 때문이다.

국방부의 연구과제는 적을 쳐부수거나 방어할 수 있는 기술 개발에 집중되어 있으며, 이런 기술은 검증할 수 있어 거짓을 오랫동안 숨기기 어렵다. 과학기술정보통신부의 연구과제는 선진국의 기술을 따라잡아 수입을 대체하고 수출할 수 있는 기술 개발에 집중한다. 이 분야도 검증할 수 있으며 성과를 추적하기 때문에 거짓이 통하지 않는다. 환경부의 연구과제는 환경을 보호하는 기술개발과 환경규제를 강화해야 한다는 논리를 개발하는 데 집중한다. 환경 문제는 검증이 어렵거나 몇십 년 이상의 긴 시간이 소요되는 경우가 많아 사실과 다른 주장이 매우 많다. 하지만 시간이 몇 년 또는 몇십 년 지나면 대부분은 진실이 드러나면서 터무니없는 거짓 주장은 사라진다.

저출산 분야는 어떠한가? 인간을 대상으로 시험할 수 없으므로 검증할 수 없다. 연구 결과 보고서에 검증은 없고 주장만 있다. 그래서, 이 분야에는 사실과 다른 주장이 많다.

저출산 분야 연구 결과를 보면 외견상으로는 저출산 문제 해결에 목표를 두는 것 같지만 실제는 복지를 강화해야 한다고 주장한다. 어떠한 저출산 원인에 대해서도 결론은 대부분 복지를 강화해야 한다고 주장한다. 임신을 지원해야 하고, 양육을 지원해야 하며, 근로 시간을 단축해야 한다고 주장한다. 육아휴직을 유럽만큼 주어야 하고 주택을 지원해야 한다고 한다. 유럽처럼 아동수당을 주어야 한다고 한다. 그러면 아이를 많이 낳을 거라 주장한다.

이러한 주장은 연구 결과로 포장되어 지속해서 국민의 의식을 바꾸고 복지를 강화하는 데 활용됐다. 복지 강화를 통하여 저출산 문제를 해결하는 정책이 정답이 아니라는 사실은 지난 이십 년 동안의 시행과 계속되는 출산율 감소를 통해 입증되었음에도 이러한 정책은 지금도 계속되고 있다.

저출산 문제를, 복지를 강화하여 해결하려는 정책은 우리나라뿐만 아니라 다른 나라에서도 시행해 왔는데, 이것은 의도적으로 이런 정책을 펴는 것이 아니라 보건복지부의 성격상 이렇게 되는 듯하다. 문제는 이러한 현상이 우리나라에서 그 정도가 매우 심하며, 이러한 활동으로 연 50조 원 이상의 예산을 지출하면서도 출산율을 더욱 하락시키는 데 있다.

일본의 출산율은 2005년 저점을 찍은 후 꾸준히 상승하고 있다. 복지부에서 담당하던 저출산 업무가 '일본 1억 총활약상'으로 이관되어서일지도 모른다. '일본 1억 총활약상'에서는 저출산 문제를 이용하여 복지를 강화하는 활동이 감소하고 문제의 본질에 집중하기 때문일 것이다. 우리나라도 보건복지부가 담당하는 저출산 업무를 별도의 부처로 분리 독립하든가 다른 부처로 이관할 필요가 있다. 적어도 복지를 담당하는 부처로부터 독립시켜야 한다. 더 이상 저출산의 이름으로 복지 예산을 증액하는 것을 방지하기 위해서일 뿐만 아니라 저출산 문제는 본질적으로 복지와는 전혀 다르기 때문이다. 지구상의 어떤 국가도 복지를 강화하여 저출산 문제 해결에 성공한 나라는 없다. 오히려 복지를 강화한 국가는 모두 출산율이 하락하는 결과를 맞이하였다.

PS 1

우리나라 강에 보를 설치한 뒤로 보가 수질을 악화시킨다는 주장이 끊이지 않았다. '녹차 라테'라며, 보를 해체해야 한다느니 보에 물을 채우지 말고 방류해야 한다느니 주장이 거셌다. 언론도 가세하여 보를 거의 무력화시켰다. 하지만, 시간이 지나면서 보가 오히려 수질을 좋게 하고 홍수를 방지하는 데 유효하다는 사실이 밝혀졌다. 이 이슈로 많은 비용이 소요되고 큰 피해가 있었지만, 어느 환경단체나 환경부에서 자신들의 지난 행적을 사죄한 적이 없다. 이제 보 해체는 없던 일로 그냥 그렇게 슬그머니 지나갔다.

요즘에는 탄소 때문에 지구 온도가 올라간다고 주장한다. 온도가 올라가 인류가 멸망할 것이라고 한다. 탄소 때문에 지구 온도가 상승한다는 주장이 거짓이라는 반대 주장도 많으며, 탄소 때문에 온도가 올라간다는 확실한 근거도 없는데 말이다. 낮 기온이 밤보다 높은 것은 낮에 햇볕이 쬐기 때문이다. 여름 기온이 겨울보다 높은 것도 여름에 햇볕이 더 강렬하기 때문이다. 금성

기온이 화성보다 높은 것은 금성이 태양에 가깝기 때문이다. 이처럼, 기온은 태양에 절대적으로 영향을 받는다. 그런데, 태양의 활동은 계속 변화하며 그 변화에 따라 지구의 기온도 변화한다. 이처럼 지구의 기온에 절대적으로 영향을 주는 태양에 대해서는 일언반구 하지 않고 모든 기온의 변화를 탄소 때문이라고 주장하는 것은 타당하지 않다. 하지만, 검증할 수 없기에 목소리 큰 사람들이 여론을 좌우한다. 수십 년 후에는 진실이 밝혀지겠지만, 그땐 아무도 사죄하거나 책임지지 않고 그냥 슬그머니 지나갈 것이다.

저출산 분야는 더 심하다. 환경 분야는 수십 년이 지나면 진실이 드러나지만, 저출산 분야는 인간을 대상으로 하는 것이기 때문에 영원히 진실이 드러나지 않을 수 있다. 저출산 분야는 진지를 점령하고 있는 사람과 언론이 정의이고 권력이다.

PS 2

본 내용은 사실로 확인된 내용이 아닙니다.

연구기관에서 거짓 보고하는 이유

'한 잔의 포도주는 건강에 좋다' 얘기가 많았다. 어떻게 이런 얘기가 돌게 되었는지 살펴보자.

포도주 생산자협회에서 연구기관에 포도주가 건강에 미치는 영향에 관하여 연구해 달라는 요청을 하는 경우를 생각해 보자. 이때 연구기관에서 제시할 수 있는 답은 아래와 같을 것이다.

1) 포도주가 건강에 나쁜 경우

포도주는 건강에 나쁘다. 건강을 위해서라면 한잔도 마셔서는 안 된다.

2) 포도주가 건강에 좋은 경우

포도주는 건강에 좋으니, 기회가 될 때마다 많이 마셔라.

실제는 포도주는 건강에 나쁘므로, '포도주는 건강에 나쁘므로 한 잔도 마셔서는 안 된다'라고 보고해야 한다. 하지만, 그렇게 되면 연구비를 지원해 준 포도주 생산자협회의 이익에 반하기 때문에 그렇게 할 수 없다. 그렇다고 건강에 나쁜 포도주를 많이 마시는 것이 좋다고 할 수도 없다. 그래서, '하루 한 잔의 포도주는 혈액순환을 도와 건강에 좋다. 하루 한 잔의 포도주를 마신 사람들이 장수한다'라고 보고할 수밖에 없는 것이다.

건강식품도 마찬가지이다. 건강식품 회사가 어떤 제품을 연구기관에 의뢰하는 경우, 그 연구기관에서는 그 제품이 나쁘다거나 효과가 없다고 얘기하기 어렵다. 그러니 어떻게 든 건강에 좋다고 보고서를 쓸 수밖에 없다.

저출산 분야도 마찬가지이다. 복지부로부터 '돈을 많이 쓰는 데도, 왜 아이를 안 낳는지, 어떻게 하면 출산율을 올릴 수 있는지 연구해달라'는 연구과제를 받으면 이미 보고서의 결론은 정해진 것이나 다름없다. 돈을 아무리 써봐야 효과 없으니 저출산 예산을 없애라고 할 수 없다. 복지부의 이익에 반하기 때문이다. 그러니, 복지부의 이익에 합치하는 결론을 낸다. '돈을 적게 써서 효과가 없는 거다. 더 많은 돈을 써야 한다' 이렇게 결론을 낼 수밖에 없다. 어차피 어떠한 거짓말을 해도 검증할 방법이 없고 따지고 드는 사람도 없다. 또한 서로 잘 알고 서로 돕고 사는 관계이니 복지부가 희망하는 답을 준다. 산하 연구기관이란 그런 역할을 하라고 만들어졌는지도 모른다.

상당수의 연구자는 복지부가 좋아할 만한 답을 준다. 그러면, 복지부는 그 보고서를 신문 방송에 배포하여 국민을 세뇌하고 예산 증액의 당위성을 확보한다.

이런 비리를 방지하고 출산율을 올리려면, 많은 돈을 쓰는데도 왜 출산율이 하락하는지, 그 원인 분석과 대책을 대통령실에서 직접 해야 한다. 복지부는 이해당사자이기 때문에 예산 증액하자거나 복지를 강화해야 한다는 결론만 내기 때문이다. 또한, 인구 관련 주무 부서를 다른 부처로 옮기든지 인구총리실을 신설해야 한다. 복지를 강화할수록 출산율은 하락하는데, 저출산 문제를 복지부에 두는 것은 도둑에게 금고를 지키라고 하는 것과 같기 때문이다.

PS

본 내용은 사실로 확인된 내용이 아닙니다.

동물들의 저출산 현상

신문 방송에서 끊임없이 선전해 왔던 경제적 결핍, 여성의 육아 부담, 일-가정의 양립 어려움, 양육비 부담 등이 저출산의 원인이 아니라면 무엇이 저출산의 원인이란 말인가?

'인간은 사회적 동물이다'라고 아리스토텔레스가 말했지만 '인간은 거짓말하는 동물'이기도 하다. 특히 저출산 문제에 대해서는 더욱 그러하다. 그래서 거짓말을 하지 못하고 오로지 행동으로만 보여주는 동물들을 살펴보자.

동물에는 수십만 마리가 무리 지어 사는 동물이 있으며, 혼자 사는 동물이 있다. 대가족이 모여 사는 동물이 있으며, 핵가족으로 사는 동물이 있다. 아프리카 초원에 사는 누와 들소 등은 수만 마리가 모여 산다. 하늘을 나는 가창오리, 바다에 사는 정어리, 고등어, 멸치 등은 수십만 마리가 떼를 지어 산다. 이들이 무리를 지어 사는 이유는 포식자가 있기 때문이다. 혼자 다니면 자유롭고 더 좋은 먹이를 찾을 수 있지만 무리에서 벗어나면 잡아먹히기 때문에 무리를 벗어나지 않는 것이다. 특히, 이동하는 동물들은 모두 모여서 이동한다. 이동하는 길목에는 포식자가 기다리고 있는데, 이동 중에는 숨을 곳이 없어 큰 위험에 노출되기 때문이다.

야생 돼지, 미어캣, 토끼 등은 여러 마리가 모여 산다. 이들은 포식자가 나타나면 땅굴로 피신하여 안전을 확보한다. 이처럼 잡아먹히는 동물은 포식자로부터 안전을 확보하기 위하여 모여 산다. 반대로, 호랑이, 곰, 표범, 독수리, 상어 등은 혼자 산다. 혼자 살아도 안전하며 원하는 먹이를 혼자서도 사냥할 수 있기 때문이다. 무리를 지어 살면 자유가 구속되기 때문에 결코 모여 살지 않는다.

맹수이지만 모여 사는 동물도 있다. 사자, 늑대, 범고래 등은 무서운 포식자이지만 모여 산다. 사자의 주식은 들소인데 혼자서는 들소를 사냥하기 어렵기 때문에 여러 마리가 협력하여 들소를 사냥한다. 늑대도 들소와 말, 사슴 등을 여러 마리가 협력하여 사냥한다. 바다 최고의 포식자인 범고래도 여러 마리가 협력하여 다른 고래를 사냥한다. 이처럼 포식자라 하더라도 경제적 이익이 있으면 모여 산다.

환경이 바뀌면 인간이 그러하듯이 동물들의 삶의 행태도 바뀐다. 무리 지어 살던 동물도 동물원에서는 모여 살지 않는다. 들소, 누, 사슴 등의 초식동물도 동물원에서는 모여 살지 않으며 새끼도 잘 낳지 않는다. 동물원에서는 울타리가 있어 안전하므로 모여서 안전을 확보할 필요가 없기 때문이다. 무리를 지어 살면 자유가 구속되고 초식동물의 경우 먹이 확보에도 불리하므로 모여 살지 않는다.

인간도 먼 거리를 이동할 때는 무리를 지어 이동하였다. 훈족이 한나라의 공격에 패하여 서쪽으로 이동할 때, 게르만족이 훈족의 침략을 피하여 서쪽으로 이동할 때, 유대인이 이집트에서 탈출할 때 온 부족이 함께 이동하였다. 먼 거리를 이동할 때 많은 위험에 노출되기 때문이다.

자동차가 없던 몇십 년 전에, 읍내의 시장에 갈 때 농촌 마을 여성들은 여럿이 모여 가곤 했다. 혼자 가면 시장 가는 길에 외딴곳에서 강도를 만날 수 있기 때문이다.

인간이 마을을 이루고 산 것도 안전을 지키기 위함이었다. 외딴곳에 혼자 살면 맹수, 강도, 도둑 등으로부터 안전을 지킬 수 없었기 때문이다.

이렇게 모여 살던 인간이 1인 가구로 혼자 살게 된 것은 가로등, CCTV, 핸드폰, 자동차, 아파트 등의 안전도구가 발달하였기 때문이다. 세계적으로 전쟁이 사라진 것도 원인이다. 경제가 발달하여 혼자서도 먹고 살 수 있으며, 각종 수당과 연금으로 노년에도 혼자 살 수 있게 되었기 때문이다.

이상 살펴본 바와 같이, **저출산 현상은 물리적 안전과 경제적 안전이 확보되면서 발생하는 현상이며, 사회가 안전하고 혼자서도 먹고 살 수 있게 되면서 발생하는 현상이다. 자녀가 이익이 되지 않아 발생하는 현상이고, 유럽에서 시작하여 전 세계로 퍼져 나가는**

현상이다.

시골 여성들이 장에 가는 경우, 대여섯이 모여서 같이 갔다. 돌아올 때도 가능하면 같이 왔으나 사람마다 일이 달라 끝나는 시간을 맞출 수 없는 경우도 있었다. 그러면 어쩔 수 없이 혼자 오는데, 그때 풀숲에서 갑자기 강도가 나타나 돈과 손가락에 끼고 있던 금반지를 강탈해 가곤 하였다. 이런 강도 사건은 1980년대 들어서 곳곳에 CCTV가 설치되고 나서야 사라지게 되었다. 안전하지 않은 사회에서는 결코 혼자 살지 않는다.

PS 2

유럽 국가 본받지 마라. 유럽이 저출산의 뿌리이며 온상이다. 많은 전문가가 유럽 국가를 벤치마킹하는데, 그 결과가 출산율 0.78명(2022년)이다. 유럽 국가 벤치마킹하면 결국에는 저출산 조장 정책만 가져오게 된다.

무리 지어 사는 동물들

> 하늘에 사는 거창 오리, 땅에 사는 미어캣, 들소, 바다에 사는 정어리; 이들은 모두 떼를 지어 산다. 무리를 벗어나면 곧바로 잡아먹히기 때문이다.

마을을 이루고 사는 인간

> 인간도 안전을 지키기 위하여 마을을 이루고 살았습니다.

혼자 사는 맹수들

》혼자서도 안전한 동물은 자유롭게 혼자 삽니다.

무리 지어 사는 맹수들

》물리적 안전이 확보된 맹수라 할지라도 경제적 이익이 있으면 모여 삽니다.

무리 지어 사는 고래들

》범고래는 경제적 이익을 위하여 무리 지어 살고, 돌고래는 안전과 경제적 이익을 위하여 무리 지어 산다. 혹등고래는 혼자 살아도 안전하지만 경제적 이익을 위하여 무리 지어 산다.

로마제국의 저출산 현상

19세기 이전 인간의 역사에서 저출산 현상이 발생한 예는 로마제국을 제외하고는 알려진 바가 없다.

로마공화정 시대인 기원전 2세기까지만 해도 로마 사람들은 보통 자녀를 10명 이상 낳았으나, 시저(BC 100~44)가 활동하던 시기에는 출산율이 빠르게 감소하여 보통 2~3명을 낳았다. 기원전 1세기 말에는 출산율이 더욱 감소하였으며 자녀를 적게 낳는 풍조가 뚜렷해졌다. 로마제국 최초의 황제인 아우구스투스(BC 63~AD 14) 시대에는 결혼조차 하지 않는 사람이 늘어났다. 대략 보면 기원전 100년경에 출산율이 10명이던 것이 기원전 50년경에는 2~3명으로 낮아졌고, 다음 50년 후에는 더욱 자녀를 적게 낳았으며 결혼조차 하지 않는 사람들이 증가한 것이다.

이렇게 아이를 낳지 않는 이유에 대하여 로마인 이야기(6권, 팍스 로마나)에서는 아래와 같이 말한다.

'기원전 1세기 말의 로마는 가난하고 장래에 희망을 품을 수 없었던 것은 아니다. 아니, 그와는 정반대였다. 다만 자녀를 낳아서 키우는 일 외에도 쾌적한 인생을 보내는 방법이 늘어났을 뿐이다. 독신으로 지낸다 해도 불편한 점이 전혀 없었다. 전쟁 시대라면 결혼으로 인척 관계를 강화하여 보신책을 마련할 필요가 있었지만, 전쟁이 끝나자 그 필요성마저 사라졌다. 또한 장인의 후원으로 출세하여 속주 총독이 되어도 아우구스투스의 개혁으로 총독이 누리고 있던 이권은 대부분 사라져 버렸다. 여자는 결혼하지 않으면 사회적 발판을 마련할 수 없으므로 결혼하긴 했지만 이혼하여 독신으로 돌아가도 불편한 점은 거의 없었다. 이런 독신 풍조와 자식을 적게 낳는 경향은 좀 더 혜택받은 계층에서 더욱 뚜렷이 나타난다.'

로마제국의 출산율이 이렇게 빠르게 하락한 이유는 무엇인가?

첫째, 물리적 안전이 확보되었기 때문이다. 지중해 연안 국가들을 모두 점령하여 전쟁이 사라졌으며, 공권력이 강화되어 치안이 확보되고, 사법 체계가 강화되었기 때문이다. 시저 사망 후 안토니우스와 아우구스투스 간의 내전이 종식된 것도 이유이다. 이처럼 사회가 안전해진 것이 첫 번째 이유이다.

둘째, 경제적 안전이 개선되었기 때문이다. 지중해 연안 국가들을 모두 점령하여 식민지로부터 물자를 들여오고 무역이 활발하여 경제적으로 풍요로워졌기 때문이다.

셋째, 혼인으로부터의 이익이 감소하였기 때문이다. 시저 이전에는 권세가 집안과 결혼하면 한자리를 얻든지 많은 재산을 물려받을 수 있었지만, 법이 강화되어 권세가와 결혼해도 얻어지는 것이 사라지게 되었다. 시저와 아우구스투스에 의하여 법이 강화되어 연줄에 의한 이익이 사라지면서 결혼으로부터의 이익이 감소한 것이다.

넷째, 자녀를 낳아 키우는 일 외에도 쾌적한 인생을 보내는 방법이 많아졌기 때문이다. 사회가 안전하고 풍요로우며 집안일은 노예가 함으로써 편안하고 즐거운 인생을 보내는 방법이 늘어난 것이다.

다섯째, 여성이 독신으로 살아도 불편한 점이 없었기 때문이다. 여성이 독신으로 살아도 먹고 사는 데 어려움이 없으며 안전하고 연애도 자유롭게 할 수 있었다. 불이익이 없으며 불편한 점도 없었다. 결혼하고 아이를 낳아야 할 필요가 사라진 것이다. 이러한 독신 풍조와 자녀를 적게 낳는 경향은 혜택받은 계층에서 뚜렷하게 나타났다.

그런데, 2000년 전에 발생한 로마제국의 저출산 현상이 대한민국의 현재와 너무나도 닮아있다. 1950년경에 10명씩 낳던 출산율이 1980년대에는 2~3명으로 감소하더니 2000년대 들어서는 더욱 하락하였으며 요즘에는 결혼조차 기피하는 풍조가 너무나 뚜렷하다. 로마제국에서 100년 사이에 발생한 저출산 현상이 우리나라에서는 50년 사이에 똑같이 발생하는 것이다. 그 이유도 너무나 똑같다.

첫째, 해방 후 혼란과 한국전쟁 후 사회의 치안이 빠르게 확보되어 살인·강도·도둑 등의 범죄가 현저하게 감소하였다. 미군의 주둔으로 전쟁의 위험도 많이 감소하였다. 사회가 매우 안전해진 것이다.

둘째, 한국전쟁 이후 경제가 눈부시게 발전하여 풍요로운 국가가 되었다. 경제적으로 안전한 국가가 된 것이다.

셋째, 법이 강화되어 권세가라 하더라도 친인척에게 한자리를 주거나 이익을 주기 어렵게 되었다. 세계에서 가장 높은 상속세와 증여세 때문에 물려받을 수 있는 재산도 많이 감소하였다. 결혼으로 얻을 수 있는 이익이 많이 감소한 것이다.

넷째, 자녀를 낳아 키우는 일 외에도 인생을 재미있게 보내는 방법이 너무나 많다.

다섯째, 여성이 독신으로 살아도 불편함이 없을 뿐만 아니라 혼자 살면 더 편리하고 행복한 사회가 되었다.

여섯째, 로마제국의 저출산 현상이 태평성대에서 발생했듯이, 우리나라도 가장 안전하고 풍요로운 시대에 발생하였다.

이러한 독신 풍조와 자녀를 적게 낳는 현상이 혜택받은 계층에서 뚜렷하게 나타나는 것도 너무나 똑같다. 서울시 자치구별 출산율과 혼인율을 보면, 가장 잘사는 지역인 강남구의 출산율과 혼인율이 가장 낮다. 반면에, 서민 지역인 구로·노원·강서구의 출산율은 높다.

아우구스투스 황제는 기원전 18년에 비혼과 출산 기피 풍조에 대하여 강력한 저출산 방지법을 만든다. 이 법은 결혼과 출산의 장려에 목적을 두고 있으며 로마제국의 상류층과 중류층에 해당하는 원로원 계급과 기사 계급, 즉 정치·경제·행정을 담당하는 계층을 대상으로 하고 있다. 이 법은 300년 이상 유지되어 로마제국이 오랫동안 강성하게 유지되는 데 크게 이바지한다.

로마제국의 사례는 **'인간은 일자리와 양육 환경이 갖추어지면 아**

이를 낳는 것이 아 아니라 **필요해야 아이를 낳는다**'라는 것을 잘 보여준다.

PS

본 내용은 시오노 나나미의 로마인 이야기 6권, 팍스로마나를 참고하였습니다.

서울시 자치구별 출산율과 혼인율

자치구별 미혼율(주 출산연령층 25~34세 여성)과 합계출산율 관계(2005년)

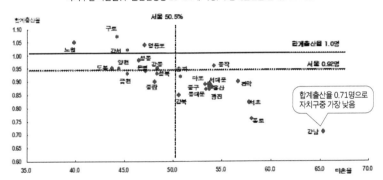

> 가장 부유한 지역인 강남의 출산율이 가장 낮다. 반면에 가난한 지역인 구로, 노원, 강서, 영등포의 출산율이 가장 높다.

쿠바의 저출산 현상

　출산율은 물리적 안전과 경제적 안전 이외에도 정치제도와 문화, 종교, 도시화, 소득, 학력, 교통, 지리, 산업, 전쟁 등 인간에게 영향을 주는 모든 요소의 영향을 받는다. 특히, 정치제도에 큰 영향을 받는다. 이것은 문화와 날씨, 인종 등이 비슷한 지역의 국가들을 비교해 보면 잘 알 수 있다.

　같은 문화권인 서유럽 국가들의 출산율은 1.3~2.0명(2016)으로 비슷하다. 아프리카, 중동, 동북아시아 등의 국가들도 지역별로 출산율이 비슷하다. 중남미 국가들도 1.7~2.9 명의 비슷한 출산율을 보이는데 다른 국가에 비하여 쿠바의 출산율은 유독 낮다. 중남미 국가 중에서 가장 낮을 뿐만 아니라 이웃 국가인 자메이카, 아이티, 도미니카공화국보다 현저하게 낮다. 이들 국가는 카리브해에 위치하며 아열대성의 온화한 기후와 백인과 흑인, 물라토(백인과 흑인의 혼혈)로 구성된 인종, 주산업이 농업인 것, 종교가 모두 비슷하다. 그런데 1985년 쿠바의 출산율은 이웃 국가의 절반에도 못 미친다. 그 이유는 무엇인가?

쿠바는 카스트로가 1959년에 정권을 잡고 1961년부터 사회주의 정책을 편다. 사회주의 정책을 편 후 1965년 4.62명이던 출산율이 1985년 1.85명으로 낮아진다. 20년 만에 출산율이 절반 이하로 감소한 것이다. 사회주의 체제에서는 자산과 생산수단이 국가의 소유이며 균등 분배를 하므로 자녀를 많이 낳아 키워도 부모에게 돌아오는 이익이 없다. 아이를 한 명 낳아 키우나 10명 낳아 키우나 배급은 같으며, 자녀가 없어도 노후 생활은 자녀가 있는 사람과 같으므로 아이를 낳아 키울 필요가 없는 것이다.

이러한 현상은 다른 사회주의 국가들도 똑같이 보여준다. 북한의 경우 특별한 산아제한 정책을 펴지 않았음에도 불구하고 우리나라보다 더 빠르게 출산율이 하락하였다. 1970년에 사회주의 정권이 들어섰던 칠레의 출산율은 중남미에서 쿠바 다음으로 낮다. 이란도 1979년 이슬람 공화국이 세워진 후 사회주의 정책을 펴자 출산율이 빠르게 하락하여 현재는 중동 국가 중에서 출산율이 가장 낮다.

사회주의 정책을 편 국가의 출산율은 여지없이 하락한다. 포퓰리즘 정책을 편 국가의 출산율도 빠르게 하락한다. 일시적으로 사회주의 정책을 편 국가의 출산율도 하락한다. 사회주의 정책은 한 번 실시하면 폐지하기 어려워 오랫동안 영향을 주기 때문이다. 전 세계에서 사회주의가 굳어진 국가 중에 출산율이 높은 국가는 없다. 소련의 영향을 받아 사회주의 성향이 강한 동유럽 국가들의 출산율은 전 세계에서 가장 낮은 수준이다. 사회주의가 광범위하게 퍼진 서유럽과 동북아시아 국가들의 출산율도 낮다. 포퓰리즘이 만연한 중남미 국가들의 출산율도 빠르게 하락하고 있다. 아메리카 대륙에서는 쿠바와 칠레뿐만 아니라 사회주의를 추구하는 캐나다의 출산율도 낮다.

사회주의 또는 포퓰리즘 광풍이 불면 어느 국가든지 출산율은 급락한다. 사회주의 성향이 강하고 포퓰리즘이 만연한 우리나라도 같은 이유로 출산율이 낮다. 연 50조 원 이상의 예산을 쏟아부어도 출산율이 하락하는 이유이다.

최근 우리나라의 출산율은 더욱 하락하여 2018년 0.98, 2019년 0.92, 2022년 0.78을 기록하였는데, 이것은 사회주의와 포퓰리즘 정책을 강화한 당연한 결과이다.

표 1. 카리브해 국가들의 출산율 변화

년도	1965	1985
쿠바	4.62	1.85
도미니카공화국	7.05	4.00
아이티	6.18	6.21
자메이카	5.82	3.55

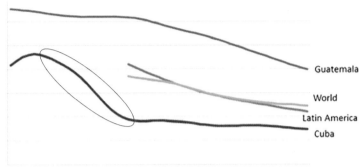

쿠바의 출산율

» 쿠바는 카스트로가 1959년에 정권을 잡고 1961년부터 사회주의를 실시한 후 출산율이 빠르게 하락하기 시작한다.

이란의 출산율

이슬람교를 국교로 하며 날씨가 뜨거운 중동 국가 중에서 출산율이 가장 낮은 국가는 이란이다. 이웃 국가들보다 훨씬 낮은 1.66(2016) 명이다. 이란의 출산율이 옛날부터 낮았던 것은 아니다. 1982년만 해도 이웃 국가들과 비슷한 6.52 명의 높은 출산율을 보였다. 이란은 1979년 이슬람 혁명으로 팔레비 왕조를 폐하고 이슬람 공화국을 건설한다. 이슬람 정책을 강화하는 동시에 사회주의 정책을 편다. 석유회사와 대기업을 국유화하고 생필품에 막대한 보조금을 지원한다. 보조금 덕택에 휘발유 가격은 리터 당 100원에 지나지 않으며 식품 가격도 공짜와 같은 정도로 저렴하다. 이처럼 사회주의 정책이 시행되자 출산율은 빠르게 하락한다. 이란은 사회주의 정책을 펴면 출산율이 하락하는 것을 잘 보여준다.

이란 출산율

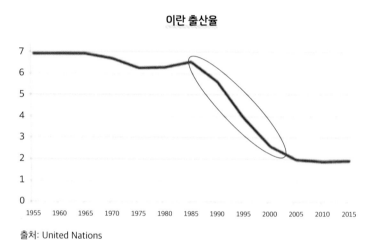

출처: United Nations

》 이란에서는 1979년에 이슬람 정권이 들어선다. 이들은 이슬람 정책과 동시에 사회주의 정책을 편다. 그 결과 출산율이 빠르게 하락한다.

리비아 출산율

1969년에 집권한 카다피는 1977년부터 사회주의를 실시한다. 그 후 출산율은 빠르게 하락한다. 리비아에서 어느날 아래와 같이 공표하였다. 1) 현재 거주하고 있는 집은 당신의 집이다. 2) 현재 경작하고 있는 농토가 당신의 농토이다. 3) 모든 은행 예금은 몰수한다.

리비아의 사회주의는 이렇게 시작되었다.

리비아 출산율

≫ 리비아에서는 1977년부터 사회주의 정책을 펴자 출산율이 빠르게 하락한다.

소련의 출산율

사회주의 종주국 소련에서는 1917년에 사회주의 혁명인 볼셰비키 혁명이 발생한다. 그런데, 출산율은 1910년부터 하락하기 시작한다. 1910년 7.18명이던 출산율이 빠르게 하락하여 1945년에는 2.58명을 기록한다. 2000년에 1.25명까지 하락한다. 사회주의 정권이 들어서기 전에 이미 출산율이 하락하기 시작한 것은, 1860년대부터 공업화와 도시화가 진행되고 있었으며, 1870년대부터 공산혁명 세력이 활동을 강화해 나가 사회가 이미 상당히 사회주의 길을 걷고 있었기 때문이다. 우리나라도 이와 다르지 않다. 국가 체제는 자유시장경제라지만 실제는 상당한 사회주의를 하고 있으며 사회 분위기 또한 사회주의를 정의로 간주하는 분위기가 만연되어 있다. 그 결과 우리나라의 출산율도 끝없이 하락 중이다.

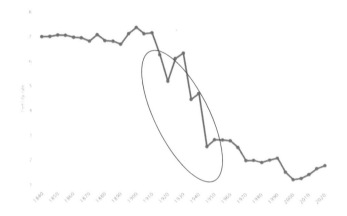

Total fertility rate in Russia from 1840 to 2020*

》사회주의 종주국 소련의 출산율도 빠르게 하락하였다. 1910년 7.18명이던 출산율이 빠르게 하락하여 1945년에는 2.58명을 기록한다. 2000년에 1.25명까지 하락한다.

미얀마에서는 1962년에 군인에 의한 쿠데타가 일어난다. 집권 세력은 사회주의를 실시한다. 미얀마뿐만 아니라 새로 탄생한 국가, 새로운 집권 세력은 대부분 사회주의 정책을 편다. 아프리카의 대부분, 중동의 대부분, 중남미 국가의 대부분은 사회주의 정책을 폈다. 새로 탄생한 국가, 혁명, 쿠데타로 집권한 정권은 새로운 집권 세력이므로 국민 지지가 절대적으로 필요한데, 사회주의 정책을 펴서 토지를 나눠주고 식량을 나눠주면 인기를 얻을 수 있기 때문이다. 무상 교육, 무상의료, 무상교통, 무상주택, 무상급식 등을 실시하면 국민 절대다수가 좋아하고 지지해 주기 때문이다. 하지만, 이러한 정책을 펴면 노력에 대한 보상이 없으므로 열심히 노력하지 않아 나라는 가난해지고 경제는 폭망한다. 아이도 낳지 않는다. 그 결과 출산율이 끝없이 하락한다.

우리나라에서도 1961년에 516쿠데타가 발생했지만, 사회주의 정책을 펴지 않는다. 1979년에 발생한 12·12사태 후에도 신군부 집권 세력은 사회주의를 하지 않는다. 이러한 경우는 세계적으로 매우 드물다. 이유가 어찌 되었든 다행이 아닐 수 없다 .

PS 2 자식 농사

많은 사람은 아이를 낳아 키우는 것은 직업으로 하는 일과는 전혀 다른 어떤 신성하고 고귀한 행위로 생각한다. 아이 키우는 것이 신성시되어 감히 일이라고는 생각하지 못하는 듯하다. 운명이라 생각하는 듯하다. 하지만, 아이 키우는 것에는 엄연히 많은 노동력과 시간이 소요된다. 많은 비용도 소요된다. 훌륭하게 키우기 위하여 온갖 정성을 다한다. 본질적으로 노동하고 시간을 들이고 돈을 투자하며 밤낮 없이 혼신을 다하는 사업과 다를 바 없다. 그래서 어른들이 '자식농사'라 하지 않았던가?

잘 알려진 바와 같이, 사회주의를 하면 사람들은 열심히 일하려고 하지 않는다. 일을 열심히 한 사람이나 놀고먹는 사람이나 돌아오는 이익은 같기 때문이다. 아이 낳아 키우는 것도 똑같다. 자식농사에 사회주의를 하면 아이 낳아 키운 사람이나 안 낳은 사람이나 자녀로부터 얻어지는 이익은 같다. 현재 우리나라는 자녀가 있건 없건 이익이 없는 것은 마찬가지이다. 따지고 보면 자녀를 키운 부모가 손해이다. 노동·시간·돈·정성을 많이 투입했는데 아무런 이익이 없으니 실제는 손해이다. 국가 경제에 사회주의를 하면 경제가 폭망하듯이, 자녀에 대하여 사회주의를 하면 출산율이 폭망하는 것이다. 현재 우리나라 상황이 바로 이 상황이다. 우리나라는 이미 상당히 사회주의를 하고 있으며, **자녀에 대해서는 완벽하게 사회주의를 하고 있는 것이다. 자녀로부터 얻어지는 이익이 전혀 없으니 말이다.** 이런 사회 체제를 만들어 놓고 아이 낳을 것이라고 기대하는 사람들은 제정신이 아니다.

제2장

인간의 이해

행복의 원리

인간은 끊임없이 무언가를 한다. 아침 일찍 일어나 책을 보고 하루를 계획하고 바쁘게 집을 나선다. 무언가를 하기 위해서다. 직장에 가서 돈을 벌기 위하여, 또는 학교에 가서 무언가를 배우기 위해서, 또는 누구를 만나기 위하여 바쁘게 움직인다. 사람들이 하는 행동은 다양하지만, 그 모든 행위에는 오직 단 하나의 목적이 있다. 자기 행복을 극대화하기 위함이다. 자신을 불행하게 하는 행위를 하는 인간은 결코 한 사람도 없다. 무언가를 하면 행복할 것 같은 것은 기필코 실행한다. 즉, 행복을 추구하는 욕망이 인간의 행위를 결정한다. 인간은 행복 그 자체가 아니라 행복해질 것 같은 방향으로 행위를 한다. 로또에 당첨되면 큰돈을 벌어 아주 행복해질 것 같아 로또를 산다. 전교 1등을 하면 서울대에 들어가고 성공하여 행복할 것 같아 죽어라 공부한다. 의사가 되면 돈도 많이 벌고 사회적으로 존경 받을 것 같아 오랫동안 죽어라 공부하여 의사가 된다. 대기업에 취직하면 많은 월급을 받아 풍요로운 생활을 하여 행복해질 것 같아 대기업에 취직하려 한다. 실제 성취하고 나면 기대했던 것만큼 행복하지 않을 수 있지만 그래도 가장 행복할 것 같은 것을 얻기 위한 행위를 한다. 즉, 인간은 달성하면 행복할 것 같은 행위를 한다. 행복 추구가 인간 행위의 목적이며 행복 추구가 인간 행위를 결정한다. 그렇다면 인간은 어떤 조건에서 행복할 것으로 기대하는가? 인간이 느끼는 행복은 단순하다. 인간의 행복은 아래와 같은 수식으로 나타낼 수 있다.

$$H = H_0 + \left(\frac{\sum\sqrt{\Delta Xi}}{Y}\right) * e^{-t}$$

여기서, H는 현재의 행복도를 나타낸다. H는 시간의 함수이다. 우리가 잘 알고 있듯이 행복을 느끼는 정도는 시간에 따라 변화한다. 상쾌한 아침 공기에 행복해지고, 피곤한 저녁에 우울해진다. 친구를 만났을 때 행복해지고, 멋진 옷을 샀을 때 행복해진다. 오늘 일이 잘되면 행복해지고 일이 안 풀리면 우울해진다. 이처럼 우리가 느끼는 행복도는 시간에 따라, 사건에 따라 계속 변한다.

H_0는 인간 개개인 고유의 행복 상수이다. H_0는 개개인이 갖는 행복도로 사람마다 다르다. 낙천적일수록, 긍정적일수록, 주변 사람들과 관계가 좋을수록 높다. 반면에 염세적, 부정적, 비판적이고 주변 사람들과 관계가 나쁠수록 낮다.

X는 개개인이 갖고 있는 채우고 싶은 욕구의 충족도이다. 인간의 욕구는 돈, 명예, 건강, 지식, 애인, 가족, 친구, 좋은 직장 등으로 대부분 비슷하나 개인의 환경이나 가치관에 따라 다를 수 있다. ΔX

는 욕구 충족도의 변화량이다. 예를 들어 재산이 1억에서 3억으로 증가했다면 ΔX는 3배, 5억에서 10억으로 증가했다면 2배가 된다. $\sum \sqrt{\Delta X_i}$ 는 개개인이 갖고 있는 각각의 욕구 충족도 변화량의 제곱근을 모두 합한 값이다. 모든 욕구 충족도 변화량의 제곱근을 더한 값이다. 이 값이 커질수록 욕구가 채워져 행복해진다. 이 값이 작을수록 욕구는 덜 채워졌음을, 이 값이 마이너스 값이 되면 욕구와 반대되는 일이 발생했음을 의미한다. 이 값이 클수록 행복하고 낮을수록 불행함을 느낀다. 어떤 것을 성취하여 욕구가 채워지면 행복도가 올라간다. 하지만 동일 욕구가 충족되면 초기보다 행복도의 상승이 작다. 즉, 사업을 시작하여 처음으로 1억을 벌었을 때 매우 기쁠 것이다. 하지만 추가로 1억을 벌면 처음만큼 기쁘지는 않다.

Y는 욕심을 의미한다. Y가 클수록 $\sum \sqrt{\Delta X_i}$ 로 얻어지는 행복값이 작아진다.

e^{-t}는 익스포넨셜 함수로 시간 t가 흐르면서 제로에 수렴한다. 따라서, $\sum \sqrt{\Delta X_i}/Y$를 시간이 지남에 따라 제로로 만든다. 우리가 성취하여 얻어진 행복은 시간이 지남에 따라 사라짐을 경험으로 잘 알고 있다. 로또에 당첨되면 잠을 못 이룰 정도로 기쁘나 시간이 지남에 따라 무뎌져 간다. 사랑하는 연인과 결혼하면 처음에는 꿈꾸는 듯 행복하지만, 시간이 지나면서 무덤덤해진다. 사람에 따라 다르지만, 사랑의 유효기간은 길어야 3년이라고 한다. 반면에 애인과 헤어진다든지 이혼하면 그 당시에는 매우 괴롭지만 이 또한 시간이 지나면 괜찮아진다. 바로 e^{-t}가 시간이 흐름에 따라 성취에 따라 얻어진 행복 또는 불행을 제로로 만들기 때문이다. 이렇게 욕구 충족

으로 얻어진 행복은 시간이 지남에 따라 소멸한다. 따라서 아래의
수식은 시간이 흐름에 따라 항상 제로에 수렴한다.

$$\left(\frac{\sum \sqrt{\Delta X_i}}{Y}\right) * e^{-t} \longrightarrow 0$$

행복도 H를 그래프로 표현하면 아래 그림과 같다.

원하는 것 X를 성취하면 행복도는 급격하게 상승한다. 욕심 Y,
즉 기대가 작을수록, 좋은 결과를 얻을수록 행복도는 높아진다. 하
지만 같은 것을 또 얻을 때는 행복도가 처음처럼 높아지지는 않는
다. 전교 1등 한 학생이 다음번에 또 1등을 하여도 처음 1등 했을
때만큼은 기쁘지 않다. 100억 가진 부자가 10억을 더 벌어도 처음
10억을 벌었을 때만큼 기쁘지 않다. 그래서 성취에 의한 욕구 충족
에는 제곱근이 씌어져 있다.

행복도를 높이기 위해서는 아래와 같이 해야 한다.

Ho를 높이는 방법

행복 상수 Ho를 높이기 위해서는 긍정적, 낙천적인 마음을 갖고,
주변 사람들과 좋은 관계를 유지하는 것이 중요하다. 특히 배우자
와 자녀와 좋은 관계를 갖는 것이 중요하다. 외향적 성격, 아름다운
추억, 부모님으로부터의 사랑, 자신감 등도 Ho를 높인다.

X 높이는 방법

욕구 충족도 X를 높이기 위해서는 원하는 것을 적극 시도하는 것이 중요하다. 여행 가기, 열심히 공부하기, 친구 만나기, 열심히 돈 벌기, 봉사 활동하기, 연애하기, 취미 생활하기 등 원하는 것을 열심히 실행하여 원하는 것을 성취하면 욕구 충족도 X가 커진다. 외향적인 성격, 강력한 추진력도 도움이 된다.

Y 줄이기

욕심 Y를 줄이면 작은 성취에도 매우 기쁘게 되어 행복도가 상승한다. 그래서 성직자, 철학자들은 욕심을 줄이라고 지속해서 얘기한다. 하지만 인간이 욕심을 줄이는 것은 본성에 거스르는 일로 머릿속 상상에서는 가능할지 모르나 현실에서는 불가능에 가깝다. 어느 순간 욕심을 다 내려놓은 것 같이 느낄 때도 있으나 그것은 현실의 벽 때문에 어쩔 수 없이 욕심을 억누르는 경우이다.

따라서, 행복도를 극대화하는 지름길은 행복 상수 Ho를 높이고 원하는 것을 적극 추구하여 다양한 욕구 X를 높이는 것이다. 욕구 X를 충족하여 얻어진 행복은 시간이 흐름에 따라 사라지기 때문에 끊임없이 새로운 욕구를 충족해야 한다.

결혼과 출산은 인간의 중요한 행위이다. 결혼과 출산으로 행복도가 높아질 것으로 기대되어야 행동으로 옮긴다. 결혼하여 가정을 꾸리고 자녀를 낳아 훌륭하게 키우는 행위가 행복할 것으로 기대되어야만 결혼과 출산을 한다. 사람들이 점점 더 결혼과 출산을 기피하는 것은 결혼과 출산이 행복할 것으로 기대하지 않기 때문이다. 얻는 것보다 잃는 것이 더 많기 때문이다.

PS

욕구란 무엇인가? 욕구란 개체가 생존을 위하여 개체에 요구하는 것들이다. 배가 고프면 식욕을 자극하여 개체가 배를 채우도록 한다. 피곤하면 수면욕을 발생시켜 잠을 자도록 한다. 자신의 주변에 함께할 동지가 없으면 정서적 외로움을 자극하여 친구 또는 애인을 만들도록 한다. 이런 욕구가 충족되는 순간 짜릿한 행복감을 선사한다. 즉, **행복이란 개체가 생존하는 데 유리한 행위를 하도록 하는 도구이다.**

행복도 H의 변화

$$H = H_0 + \left(\frac{\sum \sqrt{\Delta X_i}}{Y} \right) * e^{-t}$$

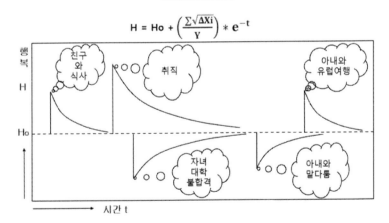

》 인간이 느끼는 행복도 H는 욕구 X가 채워지면 올라가나 욕구 충족에 의한 행복도는 시간이 흐름에 따라 소멸하여 Ho에 수렴한다. 행복을 극대화하기 위해서는 행복 상수 Ho를 높이고, 원하는 것을 적극 추구하여 욕구 충족도 X를 크게 해야 한다.

인간의 욕구

앞에서 살펴본 바와 같이 인간이 행복하기 위해서는 욕구를 충족해야 하며, 행복을 추구하는 방향으로, 즉 욕구를 충족하는 방향으로 행동한다. 바로 인간의 욕구가 인간의 행동을 지배하는 것이다. 전 세계 80억 인간의 모든 행동은 자신의 욕구가 지시하는 대로 움직인다.

인간의 행동을 지배하는 인간의 욕구에는 어떤 것들이 있는가? 인간의 욕구란 것은 무엇인가? 인간의 욕구에 대하여 심리학자인 매슬로우는 아래와 같이 설명하고 있다.

1단계: 기본적 생리적 욕구

인간의 생존에 있어서 가장 근본적이며 기본적으로 충족되어야 할 욕구(식욕, 수면욕, 성욕 등의 기본적 욕구)

2단계: 안전에 대한 욕구

신체적 안전으로서의 건강이나 정신적 측면에서의 안정감, 또는 사회적 안정(경제적 안정)

3단계: 소속감과 사랑의 욕구

다른 사람에 관한 관심과 애정 출현. 어느 조직에 소속하고자 하는 동기가 나타나게 됨

4단계: 자존의 욕구

성취를 통해 자신감과 자존감을 높이고, 이를 통해 타인으로부터 인정과 존경을 받고자 하는 동기가 나타나게 됨

5단계: 자아실현의 욕구

자신이 뜻하는 바를 실현하고자 하는 욕구

즉, 인간은 잘 먹고 편안하게 살고, 안전하게 지내며, 가족·동료들과 사이좋게 잘 지내고, 존중받고, 원하는 것 성취하고자 하는 욕구가 있다. 수많은 사람이 매일 바쁘게 움직이고 다양한 일을 하며 복잡하게 사는 것 같지만, 모두 이러한 욕구를 만족시키기 위해서이다.

이러한 인간의 욕구는 태초로부터 지금까지 변화가 없으나, 인간의 이러한 욕구를 만족시키는 방법은 시대에 따라 크게 변하였다.

원시시대에는 식량과 안전이 가장 중요했으며 이를 확보하기 위하여 집단으로 활동하였다. 집단으로 생활하는 것이 식량을 확보하고

안전을 지키는 데 가장 유리했기 때문이다. 이러한 집단생활에서는 집단의 이익과 규율, 전통이 우선되기 때문에 개인은 존중될 수가 없다. 따라서 사랑에 대한 욕구, 존중에 대한 욕구, 자아실현에 대한 욕구는 후순위로 밀려날 수밖에 없다. 오로지 생존만을 위한 사회였다고 말할 수 있다.

농경사회에 들어서는 대가족으로 살았다. 이 당시에도 식량과 안전이 가장 중요한 문제였다. 따라서 여전히 그 밖의 욕구는 뒤로 밀릴 수밖에 없었다. 대가족이나 마을, 국가의 이익과 규율이 우선시 되고 개인은 존중받을 수가 없었다. 이러한 상황은 100년 전의 여성의 삶을 보면 잘 알 수 있다. 개인적인 생활은 거의 없고, 이른 아침부터 밤늦게까지 일을 하며 힘든 생활을 견뎌야 했다. 결혼도 부모가 정해주는 사람과 해야 했다. 이처럼 농경사회도 생존을 위한 집단 사회였다.

산업사회에서는 공장 지역으로 젊은이들이 이주함에 따라 도시가 발달하고, 대가족이 핵가족으로 변하였다. 이 시대에는 식량 생산이 크게 증가하고 산업이 발달하여 자본이 축적됨에 따라 경제 상황이 좋아지고, 과학기술과 민주주의의 발달로 사회도 점점 안전하게 되었다. 이렇게 식량 문제와 안전 문제가 해결되어 가자, 상위 욕구인 사랑에 대한 욕구, 자존에 대한 욕구, 자아실현에 대한 욕구가 싹트기 시작했다.

지금 우리가 살고 있는 현대사회에서는 식량과 안전이 이미 확보되어 있다. 누구든지 의지만 있다면 일자리를 잡을 수 있어 먹고 사는 데 아무런 문제가 없다. 사회보장제도도 잘 되어 있어 생명이 위협받는 일은 없다. 따라서 다음 단계의 욕구인 사랑과 존중, 자아실현의 욕구 추구에 전념할 수 있게 되었다. 즉, 현대사회에서는 과거에 비하여 의식주와 안전보다는 사랑과 존중, 자아실현의 욕구를 충족시키는 데 집중할 수 있게 된 것이다.

이러한 변화는 중요한 의미가 있다. 인간이 태어난 이후 300만 년 동안 의식주와 안전 문제 때문에 집단에서 벗어날 수가 없었다. 씨족집단, 부족 집단, 마을, 국가, 대가족 등의 집단으로 살 수밖에 없었다. 하지만 의식주와 안전 문제가 해결된 현대사회에서는 사랑과 존중, 자아실현의 욕구만이 관심의 대상이다. 그런데 자아실현의 욕구를 추구하는 데는 구태여 집단에 속해 있을 필요가 없다. 집단에 속해 있으면 오히려 이러한 욕구를 충족하는 데 방해가 되고 개인으로 사는 것이 더 많은 행복을 추구하는 데 유리하여 집단에서의 이탈이 진행되었다. 이러한 변화에 따라 현대사회는 대가족에서 핵가족, 핵가족에서 개인 위주의 생활로 빠르게 변해가고 있다. 또한 국가, 친인척, 지역, 마을과 같은 공동체에 대한 가치는 빠르게 하락하고 있다.

이러한 사회 환경의 변화에 따른 인간의 욕구 변화가 개인화, 가족의 해체, 결혼 회피, 저출산을 불러오는 근본 원인이다.

PS

인간의 욕구에는 매슬로우의 5단계 욕구만 있는 것이 아니다. 호기심 욕구, 지식 욕구, 여행 욕구, 관심 욕구 등 수많은 욕구가 있다. 사회와 환경이 변하면 새로운 욕구가 생겨난다. 이러한 **욕구의 뒤에는 개체의 생존 본능이 있다. 즉, 욕구란 개체가 생존을 위하여 개체에 요구하는 것들이다.**

인간은 어떻게 출산을 결정하는가?

인간이 어떤 행위를 결정하는 기준은 행복이다. 행복할 것으로 기대되면 실행하고 불행할 것으로 생각되면 회피한다. 심지어 극단적 선택을 할 때도 살아 있는 것보다 덜 불행할 것으로 생각하여 선택한다.

아이를 출산하는 기준도 행복이다. 아이를 낳아 키웠을 때 자신의 인생이 더 행복해질 것으로 기대되면 출산을 선택하고, 아이를 낳아 키우는 것이 자기 행복에 도움이 되지 않는다고 생각하면 출산을 선택하지 않는다. 일부 사람들은 자녀의 행복을 기준으로 출산을 결정한다고 주장하는데 거짓말이다. 태어나지도 않은 아이의 행복을 고려하여 출산을 결정하는 것이 아니라, 아이가 있으면 자신의 인생이 행복할 것으로 기대되어야 출산을 결심한다.

자녀의 수도 마찬가지이다. 세 명 이상의 자녀는 자신의 인생에 도움이 되지 않는다고 생각하면 자녀를 두 명만 낳게 된다. 이처럼 행복은 인간의 모든 행위를 지배한다.

인간이 행복을 느끼는 원리는 단순하다. 욕구가 충족되면 행복을 느끼고 욕구가 충족되지 않으면 불행을 느낀다. 행복은 욕구가 충족되는 정도만큼 행복을 느끼는 것이 아니라 욕구 충족의 변화량만큼 행복을 느낀다. 욕구가 충족되지 않은 상태에서 욕구가 충족될 때 행복도는 높이 올라간다. 이러한 행복감은 시간이 지나면서 사라진다.

인간의 욕구에는 생리적 욕구, 물리적 안전 욕구, 경제적 안전 욕구, 정서적 욕구, 존중 욕구, 자아실현 욕구, 호기심 욕구 등 많은 욕구가 있다. 이러한 욕구 중에서 어느 하나라도 충족되지 않으면 불행을 느낀다. 잠을 제대로 못 자면 행복하지 않으며, 배우자로부터 사랑받지 못하면 정서적 욕구가 충족되지 않아 행복을 느끼지 못한다. 성취하고자 하는 것을 이루면 행복을 느끼고, 이루지 못하면 불행을 느낀다. 어떤 욕구라도 충족이 안 되면 불행을 느끼며 충족이 안 될수록 불행을 더 크게 느낀다. 행복은 이런 욕구가 충족이 안 된 상태에서 충족될 때 크게 상승한다. 며칠 동안 잠을 제대로 못 자다가 꿀잠을 자게 되면 매우 행복해진다. 며칠을 굶다가 배부르게 식사하면 행복해진다. 꿈에 그리던 직장에 취직하면 날아 갈듯이 기쁘게 된다. 이처럼 충족이 안 되었던 욕구가 충족될 때 행복을 느끼게 된다.

이러한 불행과 행복은 시간이 흐르면서 모두 사라진다. 꿈에 그리던 직장에 취업하여 매우 기뻐도 시간이 지나면 행복을 느끼지 못한다. 연인과 헤어져 괴로워도 시간이 지나면 불행을 느끼지 못한다. 꿈에 그리던 사람과 결혼해도 시간이 지나면 행복을 느끼지 못한다. 이처럼 욕구가 충족되면 행복해지나 그 행복은 시간이 지나면서 사라지기 때문에 인간은 또다시 욕구를 충족해야만 행복해질 수 있다. 이와 같은 원리로 행복은 인간을 지배하고 있다.

출산도 행복의 지배를 받는다. 인간은 아이를 낳아 키웠을 때 자신의 인생이 행복할 것으로 기대되어야 아이를 낳는다. 아이를 낳는 것은 아이를 위하여 낳는다고 생각하는 사람들이 있는데 그것은 사실이 아니다. 아이를 낳는 것은 부모 자신을 위하여 낳는 것이다.

우리나라의 출산 장려 정책을 보면, 임신과 출산, 양육지원, 아동수당, 육아휴직 등의 아이를 위한 정책이 대부분인데, 아이를 위한 정책은 출산 장려 효과가 거의 없다. 위 지원들은 모두 아이에게 쓰일 뿐 부모에게는 이익이 없기 때문이다. 출산율을 높이기 위해서는 출산과 양육 환경 개선과 함께 아이를 낳아 키웠을 때 부모에게 이익이 가도록 해야 한다.

과거 농경사회에서는 요즘과는 비교할 수 없을 정도로 열악한 환경이었음에도 많은 아이를 낳았는데, 그것은 많은 이익이 있었기 때문이다. 생리적 욕구 충족, 가정에서의 위상 확보, 경제적 이익, 물리적 안전 확보, 정서적 욕구 충족, 노후 부양 등 수많은 이익이 있었기 때문에 아이를 많이 낳은 것이다. 현재 수많은 지원과 모든 것이 갖추어진 환경에도 불구하고 아이를 안 낳는 것은, 환경이 나빠서가 아니라 아이를 낳아 키우는 것이 자신의 인생에 이익이 안 되기 때문이다. **출산율을 높이기 위해서는 아이를 낳아 키우는 것이**

부모에게 이익이 되도록 해야 한다.

행복의 원리

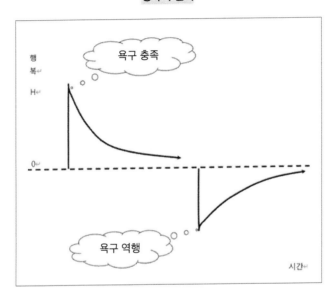

행복의 조건

인간이 행복하기 위한 조건은 무엇일까?

첫째, 건강이 무엇보다 중요하다. 건강이 나쁘면 하고 싶은 것을 할 수 없어 욕구를 충족할 수 없기 때문이다.

둘째, 경제적인 여유가 있어야 한다. 원하는 것을 하려면 돈이 필요하기 때문이다. 하지만 돈이 많다고 해서 더 행복한 것은 아니다. 기본적인 생활에 필요한 여유가 있으면 충분하다.

셋째, 좋은 가족 관계가 중요하다. 가족은 많은 시간을 같이 보내며 생리적 욕구와 정서적 욕구에 많은 영향을 주기 때문이다.

넷째, 외향적인 성격이 좋다. 많은 사람과 교류하며 원하는 것을 얻기 위해 적극 시도하여야 욕구를 충족할 기회가 많아지기 때문이다. 집에 틀어박혀 외톨이로 지내서는 행복하기 어렵다.

다섯째, 낙천적인 성격과 긍정적인 세계관이 중요하다. 세상을 부정적으로 보는 사람은 평생 불평불만을 늘어놓다 인생을 마감하게 된다.

행복하기 위해서는 개인의 조건뿐만 아니라 국가의 조건도 중요하다.

국민이 행복하기 위해서는 첫째, 자유가 보장되어야 한다. 자유가 없으면 하고자 하는 것을 할 수 없어 욕구를 충족할 수 없기 때문이다.

둘째, 물리적 안전과 경제적 안전이 확보되어야 한다. 각종 범죄가 들끓고 먹고살기 어려운 나라에서 행복하기는 어려운 것이다.

셋째, 세금이 적고 물가가 싸야 한다. 세금이 많고 물가가 비싸면 욕구를 충족하는 데 큰 비용이 들기 때문이다.

넷째, 경제가 성장해야 한다. 경제가 성장해야 일자리가 늘어나고 시장이 커져 다양한 기회를 제공하기 때문이다.

다섯째, 개인이 존중받는 사회여야 한다. 획일적인 잣대로 개인을 평가하고 사상을 강요하면 개인은 하고자 하는 것을 실행하기 어렵다. 개인의 다양한 생각과 취향이 존중받는 사회여야 한다.

이러한 기준으로 전 세계 사람들을 평가해 보면 가장 불행한 사람은 예멘과 시리아 국민이다. 전쟁으로 물리적 안전과 경제적 안전이 확보되지 않기 때문이다.

두 번째로 불행한 사람은 북한 국민일 것이다. 기본적인 자유조차 없을 뿐만 아니라 가난으로 생리적 욕구조차 채울 수 없기 때문이다.

세 번째로 불행한 사람은 사회주의 국가 국민이다. 사회주의에는 다양한 형태가 있지만, 사회주의 성향이 강한 국가일수록 자산과 생산수단이 국가에 소유되어 국민은 국가에 종속되게 된다. 국가의 권한이 커져 규제가 늘어나면서 국민을 통제하게 된다. 사회주의 성향이 강할수록 자유는 제한되고 국민은 가난해져 불행하게 된다.

네 번째로 불행한 사람은 종교적 율법을 강요하는 국가의 국민이다. 복장, 음식, 사상, 문화 등 많은 것을 규제하여 자유를 침해하기 때문이다.

다섯 번째로 불행한 사람은 가난한 국가의 국민이다. 돈이 없어 원하는 것을 할 수 없기 때문이다.

인간은 행복할 것으로 기대되는 곳으로 이동한다. 안전한 곳, 자유가 있는 곳, 경제적으로 풍요로운 곳으로 이동한다. 인구의 이동을 보면 어느 나라가 행복한지 알 수 있다. 목숨을 걸고 탈출하는 예멘, 시리아, 북한이 가장 불행한 국가이다. 중동, 아프리카, 동유럽, 중앙아시아 사람들은 온갖 어려움을 뚫고 서유럽으로 이동한다. 동남아시아, 중국, 중앙아시아 사람들은 한국과 일본, 호주로 이동한다. 중남미 사람들은 국경을 넘어 미국으로 들어간다. 그리고 전 세계 모든 국가의 사람들은 미국으로 이동한다. 미국이 가장 행복한 국가이기 때문이다.

우리나라는 행복한 국가일까? 안전하며 소득이 높고 자유가 보장되기 때문에 상당히 행복한 국가이다. 하지만, 매일 새로운 법이 만들어져 자유를 제한하고 있으며, 세금과 준조세가 지속해서 증가하고 있다. 물가도 계속 상승하고 있다. 2013년 이후 우리나라를 떠나는 이민자가 빠르게 증가하고 있다. 2009년 9만 명에서 2018년

29만 명으로 증가했다. 점점 불행한 국가로 가고 있다. 100만 달러 이상의 자산가의 이민자 비율은 홍콩, 영국 다음으로 세계에서 세 번째로 많다. 대한민국은 특히 부자가 살아가기 어려운 나라로 되어 가고 있다.

출산의 충분조건과 필요조건

수학에서 두 명제 간의 관계를 정의하는 방법으로 충분조건과 필요조건이 있다. 세상만사에도 충분조건과 필요조건이 있으며 어떤 일이 이루어지기 위해서는 충분조건과 필요조건이 만족하여야 한다. 출산이 이루어지기 위해서도 충분조건과 필요조건이 만족하여야 한다.

출산을 위한 충분조건에는 결혼하는 것, 보금자리를 마련하는 것, 건강한 몸과 정신을 유지하는 것, 양육 비용을 저축하는 것, 육아 준비를 하는 것, 화목한 가정을 만드는 것 등이 있다. 반면에 출산을 위한 필요조건에는 단 하나의 조건, '자녀의 필요'가 있다.

아무리 맛있는 음식이 있어도 배가 부르면 먹지 않듯이, 어떤 일이 성사되기 위해서는 충분조건보다는 필요조건이 절대적으로 중요하다. 그래서 필요조건을 필수조건이라 부르기도 한다. 출산에서도 절대적으로 중요한 것은 필요조건이다. 배가 고프면 음식을 찾아서 먹든지 만들어 먹듯이 자녀에 대한 필요가 있으면 인간은 충분조건을 만족하기 위한 노력을 한다. 이성을 만나고 연애하고 결혼하고 돈을 모아 보금자리를 마련한다. 육아를 위하여 부모님 가까운 곳으로 이사를 하고 열심히 일하여 양육비용을 준비한다. '필요는 발명의 어머니'라는 말처럼 필요조건이 만족하면 충분조건을 만족시키기 위하여 노력하는 것이 인간이다. 그래서 출산에 있어서 절대적으로 중요한 것은 필요조건의 만족이다.

그렇다면 무엇이 자녀를 필요하게 만드는가?

수십 년 전의 농경사회에서는 자녀가 절대적으로 필요하였다. 농사일은 혼자 하기 어려워 자녀의 손이 필요한 경우가 많았다. 늙어 더 이상 농사짓기 어려운 경우에는 자녀 외에는 의지할 곳이 없었다. 부모가 늙고 병들 때도 자녀 외에는 보살펴 주는 곳이 없었다. 아들이 없는 경우 마을 사람들에게 무시당하여 어깨를 펴고 살기 어려웠다. 장성한 아들이 없는 경우 강도와 도둑의 표적이 되기도 하였다. 남녀 차별이 심했던 농경사회에서 자녀가 없는 여성은 심각한 차별을 받았으며, 자녀를 낳음으로써 차별을 완화할 수 있었다. 이런 현상은 서양에서도 똑같이 발생하였다. 마녀사냥으로 희생이 된 대부분은 남편이나 아들이 없는 여성이었다. 따라서 농경사회에서는 자녀, 특히 아들이 절대적으로 필요하였다.

농경사회에서의 이러한 필요가 현대사회에서는 모두 사라졌다. 충분히 부자여서 노년에도 자녀의 도움이 필요 없거나, 국가로부터

수당 또는 연금을 받아 자녀의 도움이 필요 없어졌다. 늙고 병들면 자녀들에게 의지하는 대신 요양병원으로 간다. 혼자 살아도 너무나 안전하고 편리하다. 자녀의 필요가 모두 사라진 것이다. 정서적 필요성만이 조금 남아 있을 뿐이다.

그런데, 우리나라는 어떤 출산장려정책을 펴고 있는가? 자녀에 대한 필요는 없애고 충분조건 만족에만 집중하고 있다. 산모/신생아 건강관리, 불임 치료 지원, 기저귀 지원, 임신/출산 의료비 지원, 출산수당, 보육료 지원, 양육지원, 유아 학비 지원, 아동수당, 교육비 지원, 무상급식, 탁아소 증설 등 출산수당을 제외한 모든 정책이 충분조건 만족에만 집중하고 있다. 필요조건이 만족하지 않으면 아무리 충분조건이 만족하여도 일이 성사되지 않기 때문에 충분조건 만족을 위하여 아무리 많은 예산을 투입해도 출산율은 오르지 않는다. 51조 7,000억(2022년)이나 되는 많은 저출산 예산을 투입하여도 출산율이 더욱 하락하는 이유이다. 다른 나라도 충분조건 만족에 집중하였던 나라는 어느 나라도 출산율이 오르지 않았다. 반면에 필요조건 만족도를 올린 나라는 출산율이 상승하거나 더 이상 하락하지 않고 있다.

우리나라의 충분조건 만족도는 이미 아주 높다. **지금은 필요조건의 만족도를 끌어올려야 할 때이다.**

필요조건의 만족도를 올리는 방법은 간단하다. 부모에게 이익이 가도록 하면 된다. 특히, 엄마에게 이익이 가도록 하면 된다. **충분히**

체감할 수 있을 정도의 이익이 가도록 하면 출산율은 즉시 상승으로 돌아서게 된다.

가족의 가치

    어느 시대에서나 사람들은 가족을 이루며 살았다. 원시사회에서는 집단이 하나의 가족으로 살았고, 농경사회에서는 대가족, 산업사회에서는 핵가족으로 살았다. 그런데, 왜 사람들은 가족을 이루며 살았을까?

    동물의 경우를 살펴보자. 침팬지를 보면 그들은 항상 무리를 지어 산다. 같이 식량을 확보하고, 안전을 지키고, 새끼를 함께 키우기 위해서이다. 반면에 치타나 호랑이는 혼자 생활한다. 혼자서도 식량을 확보할 수 있고, 자신의 안전을 지킬 수 있고, 새끼를 키울 수 있으므로 귀찮게 무리를 지어 생활할 필요가 없기 때문이다. 무리를 지어 살면 자유가 제한된다. 늑대, 하이에나 무리를 보면 서열과 규율이 엄격함을 볼 수 있다. 규율이 엄격하다는 것은 자기 마음대로 행동할 수 없다는 것이다. 자유가 제한되면 행복을 추구하는데 제한이 되어 행복을 극대화하기 어렵다. 그래서 가능하면 모든 동물은 혼자 생활하려 한다.

사람도 마찬가지이다. 항상 무리를 지어 살아왔다. 무리를 지어 사는 것이 가장 유리했기 때문이다. 즉, 필요로 가족을 만들었다. 하지만 사회 환경이 바뀌어 가족을 이루지 않고도 살아가는 데 아무런 문제가 없는 사회로 바뀜에 따라, 즉 무리로 살 필요가 없는 환경으로 변함에 따라 혼자 사는 사회, 결혼하지 않는 사회, 아이 안 낳는 사회로 바뀌게 되었다.

농경사회에서 자녀들은 부모에게 어떤 도움을 주었을까 생각해 보자.

첫째, 아이들은 성장하여 농사를 지어 부모를 부양했다. 즉, 부모는 노후를 자식에게 의지했다. 자식은 노후 연금이었다. 그래서 특히 노동력이 좋은 아들을 필요로 했으며, 따라서 기필코 아들을 낳으려 했다.

둘째, 아이들은 성장하여 가족의 안전을 지키는 데 중요한 역할을 했다. 과학기술이 발달하지 않고 안전이 확보되지 않은 사회에서 가장 믿을 만한 것은 가족이며, 특히 건장한 아들은 안전에 매우 중요했다. 도둑, 강도, 재산약탈, 맹수 등으로부터의 안전은 장성한 아들 없이는 불가능하였다. 의식주와 안전 문제 때문에 건장한 아들이 없으면 늙은 부모는 어려움을 겪을 수밖에 없었다. 따라서 농경사회에서는 아들이 매우 중요했으며, 아들이 없는 경우 입양을 해서라도 아들을 두고자 했다.

셋째, 부모가 늙고 병들었을 때, 자녀들은 부모가 죽을 때까지 간호하고 보살펴 주었다. 의학과 의료시설이 발달하지 않고 복지가 부족한 사회에서 유일하게 의지할 수 있는 곳은 가족뿐이었다.

넷째, 가족 관계를 강화하고 사랑의 욕구를 충족시키는 데 자녀들의 역할은 중요했다. 자녀들이 있음으로써 부부의 관계가 더욱 긴밀해질 수 있고, 자녀들로 인하여 존중과 사랑의 욕구를 충족할 수 있었다. 대부분 시간을 가족과 함께 지낼 수밖에 없었던 농경사회에서 자녀는 소속과 사랑의 욕구를 충족하는 데 필요한 존재일 수밖에 없었다.

이상과 같이 노동하여 의식주를 해결하고, 가족의 안전을 지키고, 가족 관계를 강화하고, 사랑의 욕구를 충족시키고, 부모를 부양하고, 입신양명하여 부모의 자존감을 높이는 것 등이 농경사회에서의 자녀의 주요 역할이라 할 수 있다. 즉, 매슬로우의 인간 욕구 중에서 1, 2, 3, 4단계 욕구를 만족시키는 데 자녀는 절대적으로 필요하였다. 특히 아들은 없어서는 안 될 존재였다. 따라서 농경사회에서는 생존의 필수조건인 자녀를 갖기 위하여 결혼 또한 필수였고 배우자의 조건은 사랑이 아니라 건강한 신체와 재산과 튼튼한 가문이었다. 이와 같은 이유로 1940년대까지만 해도 부모가 배필을 정하였고 당사자는 혼인을 치르는 날에야 처음으로 배우자를 볼 수 있었다.

현대사회인 요즘은 어떠한가?

자녀들은 부모의 노후를 돌보지 않는다. 부모 스스로 돌보거나 국가로부터의 복지에 의존한다. 자녀들은 부모의 안전을 돌보지도 않는다. 그럴 필요가 없기 때문이다. 국가가 책임진다. 과학기술과 국가 제도가 발달하여 안전에 위협받는 경우도 거의 없다.

부모가 늙고 병들었을 때도 자녀들이 보살펴 주는 경우는 드물다. 서로 떨어져 살거나 바쁘다는 이유로 스스로 돌보거나 국가의 의료혜택에 의존한다. 자녀들은 가정의 화목에는 다소 도움이 된다. 아이들이 어렸을 때 가정에 활력소가 된다. 하지만 아이들이 중학생 정도 되면 부모와 별로 얘기도 하지 않고 대학생이 되면 대부분 집을 떠난다. 여전히 가족 관계를 강화하는 데 중요한 역할을 하지만 농경사회에 비하면 그 가치가 현저하게 떨어진다. 농경시대에는 자녀들이 출세하면 부모의 신분도 같이 올라갔다. 하지만 요즘에는 자녀가 대통령이 되어도 부모의 지위에는 별 영향이 없다. 자녀가 많은 돈을 벌 때는 부모에게 약간의 이익이 있을 수 있으나 그런 것은 매우 기대하기 어렵다.

이처럼 현대사회에서 자녀들의 가치는 매우 낮다. 아이들이 화목한 가정을 만드는 데 약간의 도움이 될 뿐 부모의 인생에 별로 도움을 주지 못한다. 오히려 아이를 양육하는 데 많은 시간이 소요되어 부모에게 큰 짐이 된다. 거의 30세가 되도록 뒷바라지해야 하므로 부모의 자유를 많이 제한한다. 자유를 제한하는 것은 행복 추구를 제한하는 것과 마찬가지이다. 하고 싶은 것을 할 수 있는 자유가 제한되기 때문이다. 이처럼 **자녀가 부모의 행복에 도움이 안 되는 사회로 바뀌었기 때문에 아이를 안 낳고 결혼을 거부하고 혼자 사는 것이다.** 혼자 살아도 행복하기만 하고, 자녀가 없어도 사는 데 전혀 문제가 없는 사회가 바로 현대사회이다. 즉, 가족이 필요 없는 시대, 개인화 시대이다.

문제는 개인에게는 가족이 필요 없지만 국가에는 건강한 가정이 절대적으로 필요하다는 것이다. 건강한 가정 없이 국가는 존속할 수 없다. 건강한 가정이 계속 유지되어 경제활동을 하고 소비하고 자녀를 낳아야만 국가가 유지되기 때문이다.

안전 욕구

매슬로우 욕구 5단계 중에서 첫 번째 욕구인 생리적 욕구란 인간의 3대 욕구인 식욕, 수면욕, 성욕과 같은 매우 기초적인 욕구를 말한다. 따뜻한 거주지에서 머무르고 싶은 욕구, 굶주릴 때 배불리 먹고 싶은 욕구, 갈증 날 때 물을 마시고 싶은 욕구, 졸릴 때 잠을 자고 싶은 욕구, 배설하고 싶은 욕구, 편안하게 쉬고 싶은 욕구 등 인간의 일상생활에 관련된 가장 원초적인 욕구를 말한다. 이러한 생리적 욕구의 충족 정도는 옛날이나 현재나 큰 차이가 없다. 옛날에 비해서 좀 더 쾌적하고 따뜻한 주택에서 거주하고 따뜻한 옷을 입고 여러 가전제품의 도움으로 삶이 편안해졌지만, 다른 욕구에 비하면 현대사회라고 해서 크게 달라지지 않았다. 옛날이나 요즘이나 배고프면 먹고 졸리면 자고 배설하고 따뜻한 곳에서 쉬는 것은 마찬가지이기 때문이다. 가장 드라마틱하게 개선된 것은 두 번째 욕구인 안전에 대한 욕구이다.

조선시대에 자녀 중에 아들이 없는 경우에는 양자를 들여 양자에게 재산을 물려주었다. 딸들은 시집가는 것으로 끝이고 재산을 물려받지 못했다. 현대사회에서는 있을 수 없는 일이지만 조선시대에는 딸에게 재산을 물려주는 경우는 드물었다. 왜 딸에게 재산을 물려주지 않았을까? 딸도 충분히 농사를 지어 경제적으로 자립할 수 있는데 그렇게 하지 않았다. 문제의 핵심은 바로 안전에 있다. 남자가 없는 경우 도둑이 많이 들고 권력 있는 사람, 완력이 센 사람이 재산을 빼앗아 갔기 때문이다.

임진왜란 동안 조선 사람의 절반이 죽었다고 한다. 죽은 사람 중에 90%는 전쟁으로 죽은 것이 아니라 굶어 죽었다고 한다. 전쟁으로 치안이 확립되지 않은 상태에서 농사를 지어봐야 조선군이 가져가든, 일본군, 의병, 도둑, 깡패가 가져갈 건데 누가 어렵게 농사를 지으려 하겠는가? 그래서 국민의 절반이 굶어 죽은 것이다. 큰 전쟁 시에는 이와 같은 일이 반복되었다. 이처럼 사회적 안전은 잘 살기 위한, 경제활동을 하기 위한 매우 중요한 조건이다.

현대사회에서도 마찬가지이다. 살인이 빈번하고, 관리가 재산을 빼앗아 가고, 무거운 세금을 부과하고, 깡패가 폭행하고, 도둑이 기승을 부린다면 어떻게 될까? 말할 것도 없이 경제활동은 크게 위축되어 가난해질 수밖에 없다. 열심히 일해서 재산을 모아도 지킬 수 없는데 누가 열심히 일을 하겠는가?

우리가 살고 있는 현대사회는 조선시대보다 안전할까?

가끔 끔찍한 살인 사건이 나고 연쇄살인 사건이 나서 요즘에 범죄가 잦고 불안하다고 생각하는 사람들이 있다. 아마도 매스컴에서

끔찍한 사건 현장을 중계하는 등 자극적으로 보도하기 때문인 듯하다. 실제 현대사회는 생각보다 훨씬 더 안전하다. 유럽의 통계를 보면 수백 년 전의 살인율은 현재보다 50배 이상 높았다. 이것으로 미루어 볼 때 농경시대에는 살인도 많고 강도도 많고 도둑도 많고 싸움질도 많은 사회, 즉 범죄가 많은 사회였음을 짐작할 수 있다. 이러한 사실은 유럽의 여러 소설에서도 볼 수 있다. 찰스 디킨스의 소설 '올리버 트위스트'를 보면 1800년대 영국의 사회가 얼마나 엉망이고 범죄가 잦았는지 잘 알 수 있다. 법이 지켜지지 않았으며 사기꾼, 도둑이 판치던 사회였다. 조선시대도 마찬가지로 살인과 도둑이 많았다. 머지않은 1970년대만 해도 우리 주변에서 수많은 절도 사건을 볼 수 있었다. 싸움질하는 사람도 종종 볼 수 있었다.

인간의 안전을 위협하는 것들에는 무엇이 있을까? 인간의 신체에 직접적으로 영향을 미치는 물리적 위험과 의식주와 관련된 경제적인 위험이 있다. 물리적 위험 요소에는 맹수, 질병, 자연재해, 범죄, 전쟁이 있으며, 경제적 위험 요소에는 식량, 집, 토지 등의 부족이 있다. 이들 요소에 대하여 하나씩 검토해 보자.

우리나라의 일제 강점기의 범죄

년도 \ 범죄	살인	상해	협박	강도	도박	방화
1921년	498	9,018	453	3,023	2,496	348
1926년	583	13,221	677	2,191	4,041	466
1927년	599	15,360	804	1,770	4,585	352
1931년	583	15,359	889	1,297	3,814	533
1935년	514	14,362	593	675	3,385	356
1936년	520	13,694	636	603	2,776	338
1938년	272	12,485	586	404	2,169	274
1939년	230	12,555	261	285	1,781	230
1940년	180	10,119	245	270	1,475	175
1943년	187	4,895	207	394	2,395	125

》 일제 강점기 우리나라의 범죄 건수는 지속해서 감소하였다. 사회가 계속 안전해지고 있음을 보여준다. 조선시대에는 범죄가 더 많았음을 짐작할 수 있다.

일본의 흉악 범죄 추이

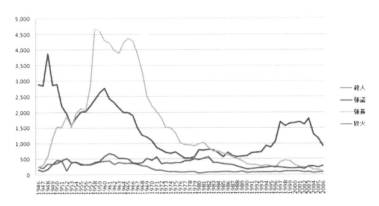

》 해방 이후 일본의 범죄 건수는 지속해서 감소하였다. 인구가 크게 증가한 것을 고려하면 매우 빠른 감소이다.

맹수로부터의 해방

조선시대에는 착호군이라는 호랑이 잡는 특수부대가 있었다. 얼마나 호랑이가 무섭고 많으면 호랑이 사냥 전문 특수부대가 있었겠는가! 고려시대 장수인 강감찬 장군 전기를 보면 관직에 나가 첫 번째 이룬 업적이 호랑이를 소탕한 것이라고 되어 있다. 조선왕조실록을 보면 1524년 착호군이 호랑이 19마리를 잡았다는 기록이 있다. 공자님 말씀에도 호랑이에게 죽은 사람 이야기가 나오고, 많은 다른 옛날이야기에도 호랑이가 나온다. 호랑이는 일제 강점기에도 있었다. 23년간 호랑이 141마리, 표범 1,092마리를 잡았다는 기록이 있다. 일제 강점기에는 곰, 이리(늑대 포함), 표범, 호랑이 등 맹수에 의한 인명과 가축 피해가 컸다. 1941년 한 해만 하더라도 사람은 61명, 가축은 2,445마리가 피해를 보았다. 아래의 표에서와 같이 맹수에 의하여 매년 30명 이상의 사람이 죽었다. 1915년에는 113명이 늑대에게 죽었다고 한다. 실종된 사람을 고려하면 실제 사상자는 더 많았을 것으로 추정된다. 이를 통해서 볼 때 늑대에게 가장 많은 사람이 죽었으며 그다음은 표범, 호랑이 순으로 추정된다. 인간이 지구상에 생겨난 이후 인간은 맹수에게 수없이 죽었을 것이다. 하지만 이제 더 이상 맹수에 의하여 죽지 않는다. 상기 자료를 볼 때 맹수는 해방 이후 625전쟁을 거치면서 전멸된 것으로 추정된다. 대규모의 군대가 생기고 우수한 총이 보급되면서 사라졌을 것이다. 늑대의 경우는 1980년대에 우리나라에서 사라진 것으로 알려져 있다. 그런데 최근 다시 살아난 맹수가 있다. 2001년 국립공원관리공

단에서 지리산에 곰을 풀어 2022년 현재 총 79마리가 살고 있는데, 아직은 사고가 안 났다고 주장하며 등산객 잡아먹을 때까지 기다리고 있다.

원시사회에서 인간은 어떻게 맹수로부터 안전을 지켰을까?

약자가 맹수로부터 안전을 지키기 위하여 반드시 하는 행위는 집단을 이루는 것이다. 혼자서는 맹수로부터 자신을 보호할 수 없기 때문이다. 이러한 행동은 지금도 아프리카 초원에서나 바다, 하늘 등 지구 어디에서나 볼 수 있다. 약한 동물은 무리를 이루어 공동으로 위협에 대처하는 것이 가장 유리하기 때문이다. 무리에서 떨어져 나가는 순간 맹수에게 잡아 먹힌다. 초원에서는 누우, 얼룩말, 가젤, 들소 등 모든 초식동물은 무리를 짓는다. 바다에서도 작은 물고기는 무리를 짓는다. 반면에 호랑이, 곰, 표범, 상어는 홀로 다닌다. 홀로 다녀도 아무런 문제가 없기 때문이다. 고양잇과 동물 중에서 사자는 유일하게 무리를 지어 사는 데 물리적 안전 때문이 아니라 홀로 사냥하는 것이 어렵기 때문에, 즉 경제적 안전 때문에 무리를 짓는 것이다. 늑대는 3~10마리가 무리를 짓는데 이 또한 마찬가지이다. 한 마리의 늑대로는 큰 짐승을 사냥할 수 없기 때문이다. 인간 사회에서도 사람들은 무리를 짓는다. 정부로부터, 회사로부터, 깡패로부터, 도둑으로부터, 심지어는 약자로부터 자신의 자산은 지키고 더 많은 경제적 이익을 얻기 위하여 무리를 짓는다. 일부 사회단체, 노동조합, 각종 조합, 마을 등이 대표적인 경우이다.

인간이 무리를 이룬 다음 무엇을 했을까? 마을을 이루고 마을 주변에 보초를 세워 망을 보며 맹수가 오면 피하거나 쫓아냈을 것이다. 초식동물이 망을 보는 것처럼 말이다. 초식동물과 마찬가지로 밤에는 문을 잠그고 집에만 틀어박혀 있었을 것이다. 하지만 인간이 총을 만들고 나서 더 이상 맹수는 인간에게 위험이 되지 못하였다. 이렇게 하여 우리나라 사람들은 1950년대부터 맹수로부터 안전하게 되었다.

맹수로 인한 인명 사상자

(단위: 명, 마리)

	인 명 사 상 자				가 축 사 상 피 해					
	계	이리	곰	호랑이	계	이리	표범	곰	호랑이	기타
1933	77	62	3	12	2,229	1,893	200	22	19	95
1934	41	24	6	11	1,869	1,730	115	1	4	19
1936	63	50	2	11	2,203	2,053	78	2	28	41
1941	61	27	14	20	2,445	2,119	185	34	30	77
1942	48	26	9	13	2,285	1,947	146	40	29	123
1943	37	24	4	9	1,795	1,488	80	115	24	88

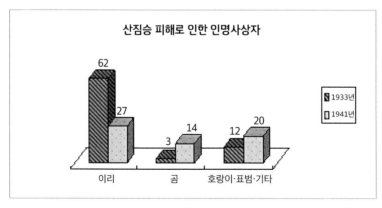

≫ 한반도에서는 원시시대부터 1940년대까지 맹수에 의한 사상자가 지속해서 발생하였음을 짐작할 수 있다. (출처: 통계청 자료)

자연재해로부터의 해방

 농경사회에서는 국가의 주요 임무 중의 하나가 치산치수였다. 홍수가 나면 집과 농경지가 침수되어 큰 피해가 발생했기 때문이다. 머지않은 1970년대만 해도 많은 비가 오면 안양천이 크게 범람하였다. 지방에서는 하천 제방이 무너져 논과 집이 침수되는 일이 매년 발생하고 물에 떠내려가 사람들이 죽는 예도 있었다. 여름이면 수재민 돕기가 연중행사였다. 하지만 2000년대 들어서 홍수 관련 아무런 뉴스가 거의 없다. 안양천 범람도 없고, 태풍으로 죽는 사람도 거의 없다. 하천, 제방, 댐, 저수지, 펌프 등의 홍수 방재 시설이 잘 되어 있고 일기예보를 하여 사람들이 미리 피할 수 있게 하기 때문이다.

 혹서와 혹한도 인간에게는 커다란 위협이었다. 문익점이 목화를 들여오기 이전에는 우리 선조들은 겨울에는 야외 생활을 할 수 없었다고 한다. 추위를 막아줄 좋은 옷이 없었기 때문이다. 하지만 현재는 아파트와 같은 좋은 집과 난방시설, 냉방시설, 의복이 잘 발달하여 혹한과 혹서에 관계 없이 잘 지내게 되었다. 이처럼 과학기술과 산업의 발달로 인간은 자연재해로부터 해방되게 되었다.

질병으로부터의 해방

 이광수의 전기를 보면 동네에 호열자가 창궐하여 많은 사람이 죽고 부모님도 호열자로 죽었다는 이야기가 나온다. 옛날에는 전쟁이 발발하면 병사의 90% 이상이 전염병으로 죽었다고 한다. 칼과 화살로 전투 중에 죽은 것이 아니라 전염병으로 죽은 것이다. 1636년 병자호란에서도 청나라 군대는 조선에 항복을 얻은 후 곧바로 철수했는데, 군대에 질병이 돌았기 때문이다.

우리나라에서 1960년대 사망 원인 1위는 결핵이었다. 인간이 지구상에 탄생한 이래 전염병으로 죽은 사람이 가장 많았다. 유럽에서는 페스트로 전체 인구의 1/3이 죽는 일도 있었다. 아메리카 대부분 원주민도 유럽인으로부터 유입된 전염병으로 죽었다. 우리나라에서는 아이를 낳으면 1년 지난 후에 호적에 올리곤 하였다. 절반 이상의 아이들이 각종 전염병으로 첫돌을 넘기지 못하는 예가 많았기 때문이다. 이처럼 전염병은 인간에게 큰 위험이었다. 하지만 현재는 전염병이 사망 원인 10위 밖으로 밀려났다. 그토록 무섭던 괴질(콜레라)을 오늘날 무서워하는 사람은 없다. 필자가 어렸을 때 마마를 앓은 흔적인 곰보 얼굴을 종종 볼 수 있었는데, 그 무섭던 천연두는 이미 지구상에서 자취를 감춘 지 오래다. 그 밖의 무서운 전염병도 이미 정복된 지 오래다. 많은 어린아이의 목숨을 앗아 갔던 홍역도 이제는 누구도 대수로이 생각하지 않는다. 이제 대부분의 무서운 전염병은 정복되어 크게 무섭지도 않은 신종플루, 메르스, 코로나를 가지고 온 지구가 호들갑이다. 산업혁명 이후 과학기술의 발달로 이제 대부분의 전염병에서 해방되었다.

우리나라 사망 원인

(단위: 명/인구 10만)

순위	1998		2013	
	사망 원인	사망률	사망 원인	사망률
1	암	108.6	암	149.0
2	뇌혈관 질환	73.6	뇌혈관 질환	50.3
3	심장 질환	38.4	심장 질환	50.2
4	교통사고	25.6	자살	28.5
5	간질환	24.6	당뇨병	21.5
6	당뇨병	21.0	폐렴	21.4
7	자살	18.4	폐질환	14.0
8	폐질환	12.7	간질환	13.2
9	고혈압	8.4	교통사고	11.9
10	결핵	7.1	고혈압	9.4

≫ 1960년대까지 전염병인 결핵이 사망 원인 1등을 차지했으나 1970년대에는 교통사고, 1980년대에는 암, 2000년대부터는 혈액 관련 질환이 1등을 차지하고 있다. 결핵은 10위권 밖으로 밀려났다. 인류 역사상 처음 있는 일이다. (출처: 통계청 자료)

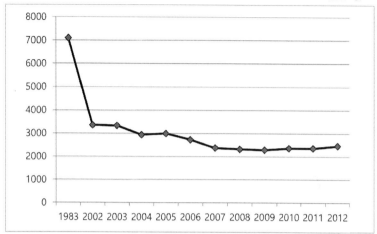

우리나라 결핵 사망자 수

(단위: 명)

> 인간의 생명을 가장 많이 빼앗아 간 결핵은 1960년대까지만 해도 우리나라의 사망 원인 1등을 차지했으나 1983년 6위, 현재에는 10위권 밖으로 밀려났다. 의약의 발달과 식량이 풍부해져 영양 상태가 좋아진 덕택이다. (출처: 통계청 자료, 대한내과학회지 82-3, 2012, 한국에서의 결핵 현황)

인간(범죄)으로부터의 안전

인간은 동료이기도 하면서 때로는 가장 무서운 위협이 되곤 한다. 그래서 한밤중에 깜깜한 시골길이나 숲을 지날 때 또는 어두컴컴한 골목에서 맹수보다도 사람을 만나는 것이 더 무서울 때가 있다. 실제 원시시대를 살펴보면 인간이 더 무섭다는 것을 알 수 있다. 범죄 고고학 연구진이 선사시대 유골과 혈흔을 분석하여 사망 원인을 추정한 결과 15%의 인간이 타살되었을 것이라고 한다. 2013년 현재 우리나라의 타살률이 0.001%인 것에 비하면 원시시대에 살인이 얼마나 많았는지를 알 수 있다. 즉, 인간이 매우 무서운 위험 요소였다.

이렇게 무서운 사회에서 인간은 어떻게 사람으로부터 안전을 확보했을까?

필자가 어렸을 때 동네에 낯선 사람이 나타나면 동네 어른들이 경계하고 긴장하였던 것을 본 기억이 생생하다. 이러한 행태는 지금도 일부 지역에서 볼 수 있다. 미국이나 독일의 모르는 동네에서 할 일 없이 배회하면 주민들이 곧바로 경찰에 신고하여 경찰이 나타나 검문한다. 현재 내전을 하는 시리아 등의 중동 국가에서 배회하면 총을 든 군인이 즉시 나타나 검문할 것이다. 이러한 경계는 원시사회에서는 더했을 것이다. 항상 마을 주변을 경계하고 낯선 사람이 나타나면 체포하여 심문했을 것이다.

이미 서술한 바와 같이 현대사회는 범죄로부터 매우 안전하다. 어떻게 안전을 향상했을까? 이것은 주로 과학기술의 발달로 이루어졌다.

첫 번째 안전도구로는 전등을 들 수 있다. 전등이 없던 시절에는 밤에는 거의 밖에 나가지 않았다. 이웃집에 놀러 가는 예는 있었으나, 마을을 벗어나는 경우는 매우 드물었다. 하지만 요즘에는 도시 구석구석까지 전등이 켜져 있어 우리가 밤낮 구분 없이 안전하게 돌아다닐 수 있게 되었다.

전등은 1806년 데이비라는 사람이 최초로 발명하였다. 1831년에 패러데이가 발전기를 발명하였으며, 1879년에 에디슨 또한 전등을 발명하였다. 그 후 1906년에 오슬람에서 전등을 발명하였으며 이 전등이 전 세계에 널리 보급되었다. 이로써, 사람들은 밤낮 구분 없이 생활할 수 있게 되었으며 한밤중에도 골목길을 밝혀 줌으로써 안전에 많은 향상을 가져왔다.

두 번째로 나타난 안전도구로는 우리에게 세상 소식을 알려주는 라디오와 TV를 들 수 있다. 라디오와 TV가 없던 시절에는 아버지가 읍내에 다녀와서 들려주던 세상 소식이 거의 전부였는데 라디오가 생기고부터는 새로운 뉴스를 매시간 들을 수 있었다. 라디오는 1897년에 알렉산더 포포프가 발명하였고, 1920년에 처음 방송을 시작하였다. 우리나라에서는 1927년에 시작하였다. TV는 1929년에 영국 BBC가 최초로 방송을 시작하였으며, 미국에서는 1930년, 우리나라는 1956년에 시작하였다. 라디오와 TV는 세상의 위험 요인과 정보를 알려줌으로써 범죄에 대처하고 예방하는 데 많은 도움을 주었다.

그다음 나타난 안전 도구로는 핸드폰을 들 수 있다. 핸드폰은 우리가 위험에 처했을 때 연락을 취할 수 있고, 위치를 추적할 수 있으며, 통화기록이 남아 있어 누구와 통화했는지를 추적할 수 있어 안전 도구로써 매우 유용하다. 이와 같은 핸드폰은 전신으로부터 시작되었다. 1844년에 전신, 1861년에 유선전화가 발명되었다. 1864년에는 맥스웰이 전자기파를 발견하고 1897년에는 마르코니가 무선통신을 발명했다. 우리가 매일 이용하고 있는 핸드폰은 모토로라가 1983년에 상용화하였으며 우리나라에서는 1986년에 처음 사용되었다. 2007년에는 스마트폰이 탄생하여 더욱 안전한 사회로 진화하고 있다.

요즘 범죄 예방의 일등 공신은 CCTV이다. 요즘에는 집 안에서도 CCTV를 통하여 집 밖을 감시할 수 있게 되어 있다. 어디에나 CCTV가 있다. 우리가 오늘 하루 서울 시내를 돌아다니면 CCTV를 100번 이상 만나게 될 것이다. 맨 먼저 엘리베이터 안에서, 다음은 아파트 밖에 설치된 CCTV, 다음은 버스, 지하철, 은행, 건물 입구, 골목길…. 어디에나 CCTV가 설치되어 있다. CCTV는 범인을 잡는 데 매우 유용할 뿐만 아니라 범죄를 예방하는데도 매우 유효하다.

위에서 설명한 전등, 핸드폰, 라디오, TV, CCTV가 안전을 확보하는 데 중요한 역할을 하고 있으나 이것보다는 못하다. 무엇보다도 중요한 안전 도구는 '디지털'이다. 현대사회는 많은 것이 기록으로 남는다. 내가 보낸 이메일, 내가 들어갔던 인터넷 사이트, 계좌 이체 내역, 전화 통화 내역, 문자메시지, 버스·지하철 승하차 기록 등등 나도 모르는 사이에 나에 대한 많은 것들이 기록되고 있다. 그래서 요즘 사회를 '만인에 의한 만인의 감시사회'라고 한다. 어떤 장관 후보에 대한 청문회에서 나오는 이슈 중에는 본인도 모르거나 의식하지 못하고 했던 것들도 있을 것이다. 하지만 디지털은 장관 후보가 의식하지도 못하고 행했던 것까지 모든 것을 기록하고 있다. 어떤 사람의 주민등록초본을 보면 그동안 거주했던 수많은 주소가 나온다. 하지만 그 사람은 기억조차 못 하는 곳이 나올 수 있다. 본인이 의식하지 못하는 순간에도 모든 것을 기록하는 것이 바로 디지털이고 모든 것을 기록함으로써 범죄를 예방하는 것이 디지털이다. 대부분 사람은 이제 세상에는 비밀이 없다는 것을 잘 안다. 그래서 제정신인 사람들은 범죄를 저지를 생각조차 하지 않는다. 이것이 바로 디지털의 힘이다. 현대사회에서 범죄를 저지르는 사람은 바보 그 자체이다. 강도든 도둑이든 사기를 치든 뇌물을 받든 현대사회에서는 모두 잡히게 되어 있다. 비밀이 없는 사회이기 때문이다. 모두 컴퓨터라고 불리는 디지털 덕분이다.

또 하나 안전도구는 잘 발달한 집이라 할 수 있다. 옛날에는 마음만 먹으면 남의 집에 들어갈 수 있었다. 허술한 담만 넘으면 됐다. 하지만 요즘 남의 집 아파트에 들어가는 것은 특수부대 요원도 쉬운 일이 아니다.

자동차도 안전 확보에 크게 이바지하였다. 영화에서 보는 것처럼 걷거나 말을 타고 이동하면 도적의 습격으로 피해를 보기 쉽다. 하지만 요즘에는 자동차로 빠르게 이동하기 때문에 안전하다.

이 밖에도 유전자 분석과 같은 법의학 기술의 발달도 범죄 예방에 크게 기여하고 있다.

범죄 영화를 보면 형사는 현장 조사, 피해자 신원확인, 지문 조사, 부검, 유전자 검사, 통장 거래 내역, 보험 내역, 핸드폰 통화 내역, 문자 내역, SNS 기록, 이동 경로 추적, 주변 CCTV, 자동차, 자동차 블랙박스 등을 확인한다. 이것을 확인하면 대부분 범인은 밝혀진다. 바로 과학기술의 힘이다. 이처럼 과학기술의 발달로 인하여 사람들은 범죄로부터 해방될 수 있었다. 이제 화성 연쇄살인 사건 같은 완전범죄는 영화에서나 있을 수 있는 일이 되었다.

이러한 과학기술의 발달 외에도 약 50,000년 전부터 탄생한 국가의 등장이 범죄로부터의 안전 확보에 많은 도움이 되었다. 국가의 통치권이 확립되면서 부족 내 폭력이 많이 감소했기 때문이다. 팍스 로마나(평화로운 로마 시대)가 대표적인 예다. 문명화의 영향도 크다. 사법제도의 도입과 교역의 확대도 범죄 감소에 한몫했다. 사회는 제로섬의 약탈 관계에서 서로 득이 되는 거래로 진화했다. 약탈보다 거래로 얻을 수 있는 이익이 훨씬 크기 때문이다. 계몽주의와 인본주의의 발달로 더욱 안전한 사회로 이행되었다. 그전까지 정부는 질서에 도전하는 자를 참수하고 3족을 벌하는 등 끔찍한 벌을 가했지만, 유럽에서 18세기 들어 고문 폐지가 대세가 됐고 우리나라에서도 1990년대 들어서 고문이 없어지게 되었다. 이와 같은 과학기술, 사회, 문화 발전을 통하여 현대사회는 500년 전과 비교하여 살인율 1/50 이하인 역사상 가장 안전한 사회로 변모하였다.

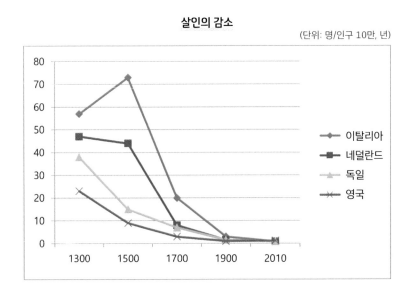

살인의 감소

(단위: 명/인구 10만, 년)

2010년 살인율

이탈리아	네덜란드	독일	스위스	잉글랜드	한국
0.87	0.87	0.86	0.66	1.23	0.61

》 500년 전 50명 정도에 달하던 살인율이 1명 이하로 낮아졌다. 이탈리아의 경우 최대 70명 정도에서 0.87명으로 약 1/80로 감소하였다. 살인율 감소를 통하여 살인을 포함한 강도, 강간, 폭력, 절도 등 대부분의 범죄가 감소하였음을 짐작할 수 있다. (출처: 통계청 자료, 스티븐 핑거, 우리 본성의 더 나은 천사들)

마녀사냥

》 14~18세기에 마녀사냥으로 유럽에서 수십만 명이 잔인하게 희생되었다. 희생자의 80%는 과부였다. 남편과 장성한 아들이 없어 보호해 줄 사람이 없었기 때문이다. 마녀사냥은 교회를 포함한 권력 있는 자들이 약자에게 마녀란 누명을 씌워 죽이고 그들의 재산을 빼앗은 집단 범죄였다. 우리나라에서도 조선시대까지만 해도 양반이란 이름으로 서민의 재산을 빼앗곤 했다. 농경시대에 왜 가족이 중요한지 잘 말해 준다. 농경시대에는 동서양 할 것 없이 튼튼한 가족 없이는 생존할 수 없었기 때문이다.

전쟁으로부터의 해방

전쟁이 많이 감소한 것도 안전 확보에 많은 도움이 되었다. 전쟁은 지속해서 감소하였고 2차 세계대전 이후에는 국가 간 전쟁이 격감하였다. 그전까지 서유럽 국가들은 매년 2~3건의 전쟁을 시작했지만, 점차 협상을 선호하기 시작했다. 민주주의와 무역·국제기구의 성장 덕분이다. 여기에 잔인한 대규모 동족 학살을 불러오는 내전이 감소하고 일상의 폭력이 많이 감소하여 안전한 사회로 변화가 더욱 촉진되었다.

인류 역사는 전쟁의 역사라고도 불린다. 인류 역사상 영토 전쟁, 종교 전쟁, 식량 전쟁, 자원 전쟁, 이념 전쟁, 식민지 전쟁, 통일 전쟁, 종족 전쟁 등 다양한 이름으로 전쟁이 끊이지 않았으며, 전쟁은 모든 것의 어머니라고 하듯이 또 다른 발전을 이끌었기 때문이다. 이러한 전쟁은 많은 발전을 가져오기도 했으나 전쟁을 겪는 사람들에게는 고통 그 자체였을 것이다. 많은 사람이 죽거나 끌려가 노예가 되고, 아이들은 부모를 잃는 등 지옥 그 자체였을 것이다.

이러한 잔인한 전쟁은 인간의 탄생과 함께 시작되었다.

인간이 최초로 사용한 무기인 창이 발명된 것은 7만 년 전 네안데르탈인에 의해서였다. 신석기시대에 이르러 무기는 비약적으로 발전을 거듭하였고 이 시대(기원전 12,000~8,000년경)에 인간들은 진정한 의미의 전쟁을 시작하였다. 이처럼 역사가 시작되기 전부터 전쟁은 있어 왔으며 역사가 시작된 이후에도 전쟁은 끊임없었다. 노만 카즌스에 따르면 기원전 3,600년부터 1950년대에 이르는 기간 크고 작은 약 14,500회의 전쟁이 발생하였다고 한다. 지난 5600년 동안 매년 26회의 전쟁이 발생했음을 의미한다. 그리고 이러한 전쟁의 영향으로 약 35억 명의 인간이 목숨을 잃었다. 요즘도 러시아-우크라이나 전쟁, 이스라엘-팔레스타인 전쟁이 있으나 1950년 이전에 비하면 크게 줄었다. 수치화하긴 어렵지만 1/100 이하로 감소한 것으로 추정된다. 특히, 서유럽, 동북아시아, 아메리카 지역은 격감하였다. 우리나라만 봐도 6·25 전쟁 이후 지금까지 전쟁이 없었다. 우리나라 역사상 70년 동안 전쟁이 없었던 기간은 6·25 전쟁 이후외에는 없었을 것이다. 이러한 현상은 다른 나라에서도 마찬가지이다. 매년 2~3건의 새로운 전쟁을 시작하던 유럽 대륙에 2차 세계대전 이후 전쟁이 격감하였다. 지난 70년간 전쟁이라고 할 만한 전쟁이 없었다. 북미에도 없었으며 남미에도 사소한 사건 같은 작은 전쟁 외에는 없었다. 중앙아시아, 중동, 아프리카 지역에서 일부 전쟁이 있었으나 1950년 이전에 비하면 많이 감소했으며 더욱 감소 추세에 있다.

왜 현대사회에서는 전쟁이 사라지는 것일까? 전쟁이 사라지는 이유를 살펴보기 전에 왜 전쟁하였는지 이유를 살펴보자.

전쟁은 민족적 우월감, 독재자의 독단, 종교 또는 이념 등의 원인으로 발생하기도 했지만, 대부분의 전쟁 원인은 경제적 이유이다. 전쟁에 승리하면 영토, 노예, 식량 등의 경제적 이익을 취할 수 있었기 때문이다.

전쟁이 감소한 이유는 무엇인가?

첫째 이유로는 국가 간의 교역 증가를 들 수 있다. 전쟁의 목적이 필요한 것을 획득하는 것인데, 무력으로 빼앗는 것보다 상품을 수출하고 필요한 것을 사 오는 것이 더 유리하기 때문이다. 즉, 무역이 전쟁을 대체하고 있다. 각국이 서로 필요한 것을 주고받음으로써 전쟁의 필요성이 많이 감소하였기 때문이다. 세계 각국은 무역을 통하여 원하는 것을 얻을 수 있으며 부강해질 수 있고 전쟁을 방지할 수 있어 무역을 크게 장려하고 있다. 우리나라는 전 세계 여러 나라와 교역을 활발하게 하고 있다. 특히 중국과의 교역량이 많다. 중국은 북한보다도 우리나라에 더 많은 호의를 나타낸다. 우리나라도 중국을 통하여 많은 이익을 보지만 중국도 우리나라를 통하여 많은 이익을 보기 때문이다. 우리나라와 중국과의 교역이 활발할수록 전쟁 가능성은 작아진다. 소련/러시아와 서유럽 국가 간에도 2차 세계대전 이후에 냉전 중에도 전쟁은 없었다. 여러 가지 이유가 있겠지만 가장 큰 이유는 교역에 있다. 러시아는 유럽에 가스와 석유를 팔아 막대한 이익을 취하고 서유럽 또한 값싸게 에너지를 확보할 수 있어 서로가 필요했기 때문이다. 러시아의 경우 석유 가스가 재정수입의 50%(2012년)를 차지했으며, 이중 수출이 70%(2011년)를 차지하였기 때문에 절대적으로 서유럽과의 교역이 필요했기 때문이다. 이처럼 교역은 전쟁을 방지하는 효과가 있다. 반면에 무역하지 않고 전쟁으로 남의 것을 빼앗으려는 국가는 가난과 국제사회의 고립을 면할 수 없다. 대표적인 예가 북한이다. 현시대에는 무역이 생존과 번영의 지름길인데 이것을 외면하는 국가는 파멸을 피할 수 없다. 요즘도 전쟁하는 국가들을 보면 대부분 무역을 거의 하지 않는 나라들이고, 무역을 활발하게 하는 국가 중에는 전쟁하는 나라가 없다. 전쟁이 많던 시절에도 무역이 활발한 국가 간에는 전쟁이 적었다.

전쟁이 감소한 둘째 이유로는 활발해진 교류를 들 수 있다. 교류가 활발하면 좋은 관계를 쌓게 되고 정보를 나누고 공동 이익을 추구할 수 있어 서로 이익이 되기 때문이다. 또한 교류를 통하여 서로 이해하고 갈등을 조율할 수 있기 때문이다.

셋째 이유로는 무기의 발달을 들 수 있다. 전 세계에서 가장 친절한 사람은 미국 사람과 일본 사람이다. 미국 사람들이 친절한 것은 사람들이 총을 소지하고 있기 때문이다. 종종 뉴스에서 보는 것처럼 불친절하고 화나게 하면 집에서 총을 가져와 쏠 수도 있기 때문이다. 일본 사람들이 친절한 것도 사무라이들이 사람들을 처형할 수 있었기 때문이다. 일본 사람들이 예의 바르고 규율을 잘 지키는 것은 바로 사무라이 때문에 생긴 습성이다. 우리나라도 사람들이 총을 소지할 수 있도록 하면 매우 친절하고 상냥하고 규율을 잘 지키는 국민이 될 것이다. 결코 사람들 간에 싸움하거나 깡패라고 해서 사람들을 협박하는 일은 없을 것이다. 국가 간에도 동일하다. 현대의 무기는 그 위력이 대단하다. 따라서 전쟁이 일어나면 그 피해가 매우 클 수 있다. 핵무기는 말할 것도 없고 미사일, 탱크, 전투기 등 가공할 무기들이 많다. 지금 전 세계에 있는 무기는 지구에 있는 모든 인간을 100번 이상 죽이고도 남을 만큼 많을 것이다. 따라서 전쟁을 일으키면 양측 모두 큰 피해를 볼 수밖에 없다. 그래서 어느 나라도 쉽게 전쟁을 일으키지 못한다. 작은 나라나 북한과 같이 위협을 느끼는 나라가 핵무기 개발에 열을 올리는 것도 같은 이유다. 핵무기를 갖고 있으면 다른 군사력에서 뒤져도 다른 나라가 쉽게 건드리지 못하기 때문이다. 만약 요즘에도 사극에서 보는 것처럼 칼과 활로 싸운다면 아마도 남한과 북한 사이에는 매일 전투가 있을 것이다. 과학기술과 산업의 발달, 무기의 발달로 전쟁이 감소하게 된 것이다.

넷째 이유는 민주주의의 확산과 문명화를 들 수 있다. 민주주의의 확산으로 독재자의 독단에 의한 전쟁이 줄어들었으며 문명화로 민족 우월주의나 특정 이념에 매몰되어 전쟁이 일으키는 경우가 감소하였다. 2022년에 러시아-우크라이나 전쟁, 2023년에는 이스라엘-팔레스타인 전쟁이 발발했는데, 모두 독재자의 독단에 의한 것이다. 이런 전쟁은 민주국가에서는 발생하기 어렵다.

다섯째 이유로 이민의 증가를 들 수 있다. 자국민이 많이 사는 국가와 전쟁을 일으키면 자국민의 피해가 크고 국가 분열을 일으킬 수 있기 때문이다.

이처럼 교역의 증가, 교류의 증가, 무기의 발달, 과학기술의 발달, 민주주의의 발달, 문명화, 이민의 증가로 전쟁이 격감하게 되었다.

최근 유고, 시리아, 소말리아, 르완다, 중앙아프리카공화국, 아프가니스탄, 우크라이나 등에서 전쟁이 있었는데 이 전쟁들은 국가 간 전쟁이 아니라 대부분 내전이었다. 내전은 식량 확보가 주목적이 아니라 대부분 종족 간의 원한, 이념, 종교 등이 원인이다. 이러한 내전도 정보통신 기술의 발달, 교류의 증가, 문명화로 점점 감소할 것으로 전망된다.

전쟁 감소

> 전 세계에서 전쟁이 많이 감소하였다. 전쟁보다 더 쉬운 방법으로 원하는 것을 얻을 수 있으며, 전쟁으로 얻을 수 있는 것보다 잃는 것이 많은 사회로 바뀌었기 때문이다. 앞으로도 전쟁은 더욱 감소할 것이다.

굶주림으로부터의 해방

안전 욕구에는 물리적 안전과 경제적 안전이 있다. 신체가 물리적으로 직접 손상되면 죽을 수 있지만 먹지 못해 굶주려도 죽을 수 있기 때문이다.

세종 시대에 인구가 2배나 증가했다고 한다. 새로운 농사 기술의 보급으로 수확량이 4배로 증가하자 인구가 2배로 늘어난 것이다. 조선시대에 식량이 얼마나 부족했는지 짐작할 수 있는 사례이다. 조선시대가 이러했을 진데, 그 이전 시대는 말할 필요조차 없을 것이다. 먼 옛날이 아닌 1960년대만 해도 식량 문제가 심각했다. 하루 세 끼를 모두 먹는 집이 흔하지 않았다. 영양실조로 삐쩍 마르고 얼굴이 창백한 사람도 흔히 볼 수 있었다. 굶어 죽는 사람도 적지 않았다. 먹을 것이 부족하니 도둑이 매우 많았다. 요즘은 상상할 수 없을 정도로 도둑이 많았다. 아마 요즘보다 1,000배는 더 많았을 것이다. 얼마나 식량 문제가 심각했으면 미국에서 옥수수를 원조하여 만든 빵을 학생들에게 나누어 주었겠는가? 농촌에서는 겨울이면 일이 없어 사람들이 할 일 없이 빈둥대기 일쑤였다. 먹고 대학생이라는 말도 있었다. 대학교를 나와도 취직할 곳이 없었기 때문이다. 박정희 대통령의 바람이 '국민이 하루 세 끼 쌀밥을 먹는 것'이었다. 이처럼 식량 문제가 심각했었다.

요즘에도 먹고 살기 어렵다고 하는 사람들이 있다. 하지만 원시시대와는 비교할 바가 못 된다. 원시시대에 인간을 가장 괴롭힌 것은 식량 부족이었다. 식량을 구하기 위하여 남자들은 집단을 이뤄 사냥하고 여자들은 식물을 채취하고 조개를 잡았다. 식량 자원이 고갈되면 식량을 찾아 다른 곳으로 이동하였다. 아프리카에서 누우 떼가 새로운 풀을 찾아 끊임없이 이동하는 것처럼 인간도 그렇게 할 수밖에 없었다.

농경사회에서는 곡식을 재배하고 식량을 저장할 수 있어 정착 생활을 할 수 있었다. 하지만 여전히 식량은 부족했으며, 여자는 토지를 소유하고 있는 힘 있는 남자들에게 종속되어 살 수밖에 없었다. 즉, 여자는 원시사회에서나 농경사회에서나 남자들에게 의지하여 살 수밖에 없었다. 원시사회에서는 대규모 집단이 이동하며 생활했기 때문에 집단에 소속되었지만, 농경사회에서는 토지를 가지고 있는 남성에 소속되었다.

산업사회에서는 각 가족의 직업이 다르고, 같이 일할 필요도 없었기 때문에 대가족이 흩어지게 되었다. 자녀들은 일거리를 찾아 도시로 떠나 새로운 가정을 꾸렸다. 그래서 핵가족이 탄생하게 되었다. 산업사회에서 사람들은 직업을 자유로이 선택할 수 있어 토지에서 벗어날 수 있었다. 하지만 여전히 노동력이 우수한 남성이 사회의 주도권을 갖고 있었다.

많이 배우고 똑똑한 사람이 지배하는 현대사회에서는 토지도 필요 없고 남자에게 의지할 필요도 없어졌다. 현대사회에서는 여성이 남성보다 불리한 점이 없다. 적어도 먹고 사는 데는 그렇다. 취업하기 어렵다고 하지만 의지만 있다면 얼마든지 취업하여 경제적으로 자립할 수 있다. 편의점 알바든지 식당에서 서빙해서라도 먹고 살 수 있다. 현대사회는 꾸준하게 공부할 줄 모르고 게임하는 데 많은 시간을 쓰고 좌충우돌하는 남자들보다 오히려 여자들에게 유리한 세상이다.

이렇게 사회가 농경사회에서 산업사회, 지식정보화 사회로 넘어가게 된 바탕이 된 것 중 가장 중요한 것은 농업생산량의 증가이다. 새로운 작물의 도입, 새로운 품종의 도입, 새로운 가축의 도입, 새로운 농사 기술의 보급, 비료의 발명, 수산업의 발달, 축산업의 발달 등으로 농업 생산성이 대폭 개선되어 생산량이 늘어나 많은 사람이 농업에 종사하지 않아도 되었기 때문이다. 여기에 우리나라의 경우에는 식량 수입이 많이 증가하여 식량이 더욱 풍부하게 되었다. 농업생산량이 충분하지 않았다면 결코 산업사회, 지식정보화 사회로 진화하기 어려웠을 것이다.

이제 적어도 여자들은 먹고사는 것 때문에 남자들에게 의존할 필요는 없다. 원시사회에서부터 여성은 남성에게 의식주를 상당 부분 의존해 왔는데, 산업화가 시작된 1970년대부터 시작하여 2000년대 들어 더 이상 의존하지 않아도 되게 되었다. 가장 기본적인 인간의 욕구를 남성에게 의존하지 않고 스스로 해결할 수 있게 된 것이다. 이것은 매우 중요한 변화이다. 이 변화는 여성의 남성과 자녀에 대한 의존도를 낮추어 가족에 대한 필요성을 감소시킨다. 가족을 형성하고 마을을 만들어 공동으로 안전을 지키고 공동으로 농사를 지어야 살 수 있는 사회에서 개인으로 살 수 있는 사회로 변화를 의미한다. 자유의 제한이 필연적인 공동체 사회에서 자유로운 개인으로 변화를 의미한다. 이러한 개인으로의 변화로 가족의 필요성이 크게 감소했으며 비혼과 저출산으로 이어졌다.

현대사회에서도 배우자의 덕목으로 여성은 남성의 경제력을, 남성은 여성의 미모를 최우선으로 고려 한다. '결혼은 사업이다'라고 말하기도 한다. 즉, 여성은 결혼을 안정적으로 의식주를 해결하기 위한 목적으로 하는 성향이 아직도 남아 있다. 그런데 사회 변화로 남성에게 의존하지 않고 경제적인 문제를 해결할 수 있게 되면서 남성에 대한 필요성이 많이 감소하였으며, 이것이 결혼 기피, 저출산을 불러오게 된 것이다.

이상과 같이 현대사회는 물리적, 경제적으로 매우 안전한 사회가 되었다. 맹수, 전염병, 자연재해, 범죄, 전쟁, 굶주림 등의 위협으로부터 해방된 것이다. 안전도를 가장 정확하게 보여주는 지표가 있다. 바로 수명이다. 안전을 지속해서 확보해 나간 결과 농경사회 20대에 머물던 평균수명이 2000년대 들어서 80대로 증가하였다.

안전이 완벽하게 확보됨에 따라 여성은 안전 확보를 목적으로 남성이나 가족, 자녀들을 더 이상 필요하지 않게 되었다. 사회의 발전에 따라 여성은 먹고사는 문제를 독자적으로 해결할 수 있게 되었으며, 안전 문제에 구애받지 않게 되었다. 이제 사람들은 안전의 굴레에서 벗어나 소속과 애정에 대한 욕구와 존중받고 싶은 욕구, 자아실현 욕구를 추구할 수 있게 되었다.

세계 평균수명의 증가 추이

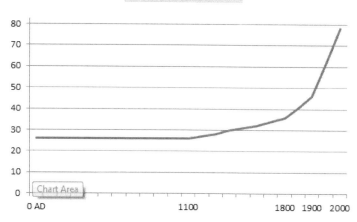

〉 그리스 BC8~4 19세, 로마 BC1~AD4 28세, 16세기 유럽 21세, 20세기 초 미국 47세, 2011년 미국 78.7세. (출처: WHO, 세계보건기구, Tark Investor)

소속, 애정의 욕구

잘 알려진 바와 같이 원시사회에는 집단으로 살았다. 집단이 몇 명으로 구성되었는지는 때에 따라 다를 것이다. 위험이 적은 지역에서는 소수가 무리를 지어 생활했을 것이고 전쟁하거나 맹수가 많은 지역에서는 많은 사람들이 같이 생활했을 것이다. 사람들은 그 집단 속에서 정을 나누고 사랑했을 것이다. 집단생활에서는 집단의 이익과 규율, 전통을 우선하기 때문에 개인적인 사랑에 대한 욕구는 매우 제한될 수밖에 없다. 하지만 집단생활로 안전과 식량을 확보해야만 했기 때문에 개인적인 욕구가 제한되는 상황에서도 집단에 대한 소속감은 매우 컸을 것이다.

농경사회에서 생활의 범위는 가족과 친족, 동네 사람들이었을 것이다. 특히, 가족은 낮에는 같이 일을 하고 밤에는 집에서 같이 지내는 등 평생 대부분의 시간을 같이 보냈으므로 가족과의 유대감은 매우 크고 가족은 너무나도 소중한 존재였을 것이다. 생활도 개인보다는 가족 전체의 안위를 우선시하였다. 1960년대만 해도 개인적인 생활은 거의 없었다. 어른들은 하루 종일 농사일과 집안일을 하였다. 아이들도 학교에 다녀오면 집안일과 농사일을 도왔다. 가족 모두가 가족의 공동 목표에 대부분 시간을 쏟았다. 농경사회에서 가족은 최고의 가치였다.

현대사회는 어떠한가?

대부분 가정을 보면 가족 모두 아침 일찍 일어나 아침을 각자 해결하고 서둘러 일터로 간다. 아빠와 엄마는 직장으로, 자녀는 학교로 간다. 저녁 늦게 집에 와서 같이 저녁을 먹는 둥 마는 둥 하고 각자 자기 방에 들어가 하고 싶은 것을 한다. 이런 생활을 매일 반복한다. 가족 간의 정과 유대감이 많이 떨어질 수밖에 없다. 이것은 각자의 일이 다르고 관심사도 다르고 공통점이 적어 같이 보내는 시간이 적기 때문이다. 반면에 우리의 관계 범위는 많이 넓어졌다. 학교에서 친구도 사귀고 회사에서 동료와도 친하게 지내고 동호회에 가입하여 같은 취미를 나누기도 한다. 마음에 맞는 사람과는 더욱 친밀하게 지낼 수도 있다. 교통의 발달로 먼 곳에 있는 사람과도 친하게 지낼 수 있다. 다른 지방에 있는 사람과 친하게 지내기도 하고 외국 사람과도 친구를 하기도 한다. 이렇게 하여 사랑의 욕구에 대한 가족의 역할은 작아지고 사회가 많은 부분을 대신하게 되었다. 이렇게 현대사회에서는 인간의 세 번째 욕구인 소속과 애정에 대한 가족의 기여도가 낮아지게 되었다. 의식주 문제, 안전 문제뿐만 아니라 세 번째 욕구인 사랑에 대해서도 가족의 역할은 작아지게 되었다.

안전의 확보와 더불어 직업의 분업화에 따라 농경사회 대가족에서 산업사회 핵가족, 현대사회 개인 가구로 변화하게 되었다. 소속과 애정에 대한 욕구 충족은 가족으로부터 친구, 동료, 동호회, 애완동물로 변화하게 되었다.

<u>PS</u>

자녀를 대체하여 애정의 욕구를 충족하는 애완동물의 수가 꾸준히 증가하고 있다. 2023년 개 545만, 고양이 254만 마리에 달한다. 2023년에는 처음으로 유모차(43%)보다 개모차(57%)가 더 많이 팔리는 웃지 못할 일이 벌어지기도 했다.

존중과 자아실현 욕구

넷째 욕구인 존중의 욕구에 대한 가족의 기여도를 살펴보자.

현대사회에서 존중받으려면 어떻게 해야 할까? 한 분야에서 성공하여 최고의 전문가로 이름을 높이거나 높은 지위에 오르거나 사업을 하여 많은 돈을 버는 것이 가장 보편적인 방법일 것이다. 이렇게 하기 위해서는 열심히 노력하여 사회적으로 성공하여야 한다. 대부분 시간을 본인에게 투자하여야 한다. 최고의 전문가가 되려면 오랜 기간 교육을 받고 유학을 다녀오고 취업을 한 후에도 10년 이상 모든 노력을 쏟아야 한다. 관직이나 기업에서 높은 지위에 오르려면 오랜 기간 교육을 받고 취업 후 업무에 매진하여야 한다. 사업으로 많은 돈을 버는 것도 큰 노력을 요구한다. 이와 같은 상황에서 시간을 뺏는 가족은 도움이 되기보다는 오히려 방해되기 쉽다. 특히 집안일 대부분을 담당하는 여성에게는 가족은 더욱 방해되기 쉽다. 이런 상황이다 보니 의욕이 넘치는 젊은이가 결혼을 미루고 아이를 안 낳는 것은 당연하다. 가족이 자신의 인생에 도움이 되기보다는 방해가 되기 때문이다.

자아실현에 대한 욕구 또한 마찬가지이다. 부모의 자아실현에 가족이 도움이 되는 예도 있겠지만, 대부분 방해된다. 하고 싶은 일에 모든 노력을 쏟아야 하는데 가족이 있으면 그만큼 시간을 빼앗기게 된다. 결혼하면 배우자 챙기고, 식사 같이해야 하고, 아이들 보살피고, 양가 부모님 챙겨야 한다. 혼자 살 때에 비하여 정성을 쏟아야 할 일들이 많이 늘어난다. 반면에 가족으로부터 얻는 이득은 크지 않다. 가족은 부모의 인생에 이익은 감소하고 손해는 증가한다. 이에 따라 결혼을 기피하고 자녀를 적게 낳는 것이다. 특히 자아 성취 욕구가 강한 중산층의 알파걸, 골드미스에게는 결혼과 가족은 기피 대상일 수밖에 없다. 어느 정도 성취를 이루고 짝을 만나면 어느덧 30대 중반 또는 40이 된다. 아이 하나 낳아 기르기도 벅찬 나이가 된다.

이러한 시대의 변화는 젊은 학생들이 더 잘 안다. 70~80년대에는 대부분 여학생의 장래 희망이 '현모양처'였다. 하지만 요즘 여학생들에게 물어보면 많은 학생이 '평생 독신으로 살면서 하고 싶은 일 하며 살 것이다'라고 한다. '현모양처'라고 말하는 학생은 없다. 공부를 잘하는 학생에게 물어보면 '혼자 살면서 유명한 학자가 되겠다'라고 한다.

이상 살펴본 바와 같이 인간의 5단계 모든 욕구를 충족하는 데 가족의 역할이 크게 낮아졌다. 특히 남편과 아들의 가치가 크게 낮아졌다. 농경사회에서 행복하게 사는 데 절대적으로 필요했던 가족이 현대사회에서는 필요 없게 되고 오히려 방해된다. 인간은 지극히 이기적이어서 자신에게 이익이 되면 취하고 해가 되면 피한다. **저출산은 가족이 인간에게, 특히 여성에게 이익이 되지 않음으로써 생기는 현상이다.**

PS

인간은 지독하게 이기적이다. 이것은 생존을 위하여 당연하다. 이런 이기적인 특성이 없었다면 인간은 이미 멸종했을 것이다. 인간의 이기적인 본성을 탓하지 말고, **인간의 이기심을 활용하여 출산율 상승을 끌어내는 제도가 없음을 탓해야 할 것이다.**

제3장

저출산의 이해

우리나라 출산율의 변화

통계를 보면 우리나라의 출산율은 1925년부터 1960년까지 6명 대를 기록하고 있다. 1920년대에는 실제 10명 이상의 아이를 낳은 것으로 추정되나, 통계는 6명대를 나타내고 있다. 이것은 통계에 영유아 사망자가 빠져 있기 때문이다. 실제와 통계가 같아지게 된 것은 백신 접종이 보편화되면서부터이다. 1882년에 처음 종두를 시행하였으나, 전국적으로 백신을 접종한 것은 1954년이다. 이때부터 천연두와 결핵 등 7종의 백신을 접종하였다. 1961년에는 소아마비, 1965년에는 홍역 백신이 추가되면서 1970년에는 영아 사망자가 1,000명당 45명으로 감소한다. 출산율 통계와 실제가 일치하게 된 것도 이 무렵이며, 출생 1년 후에 신고하던 관행이 사라진 것도 이 무렵이다. 우리나라가 출산율을 집계하기 시작한 것도 이 무렵(1970년)이다.

우리나라의 출산율은 지난 100년간 지속해서 하락하였다. 그 이유는 무엇인가?

원시사회에서의 출산율은 15명이었으며, 이러한 높은 출산율은 최근까지 유지되었다. 1960년대까지 농촌 가정에서는 보통 10명 이상의 아이를 낳았다. 이러한 높은 출산율이 하락하기 시작한 것은 도시화가 진행되면서부터이다. 도시에서는 농촌보다 적은 3~4명의 자녀를 두었다. 도시에서는 활동 범위가 넓고, 자녀들이 부모의 일을 돕는 경우가 적으며, 농촌보다 안전하고, 혼자 활동하는 시간이 길어 자녀의 가치가 낮기 때문이다.

우리나라의 도시화는 1920년 3%에서 1950년 18%까지 상승한다. 그 후 도시화는 더욱 빨라져 1960년에는 36%, 1990년에는 80%까지 상승한다. 도시화에 따라 도시 인구의 비중이 높아지면서 출산율도 감소하였다.

1910년~1950년 사이에 출산율이 하락한 것은 도시화와 더불어 다양한 먹거리와 식량이 증가하였기 때문이다. 이때 다양한 품종의 곡식과 과일, 채소, 가축 등이 도입되었다. 혁신적인 농기계와 비료도 도입되었다. 농지가 개량되고 저수지가 만들어졌으며 철도가 놓여 식량의 유통이 쉬워졌다. 이러한 새로운 문물 덕분에 농업생산량이 많이 증가하였으며, 식량 증가 덕분에 평균수명이 1910년 9세에서 1945년 27세로 증가하였다. 식량이 풍부해지면서 가족에 대한 의존도가 낮아져 출산율이 하락한 것이다.

1950년~1990년 사이에도 출산율은 지속해서 하락하였다. 이 시기에는 도시화와 산업화가 진행되어 생활의 범위가 넓어지고 바빠져 가족과 함께하는 시간이 감소하였다. 한국전쟁 이후 질병 치료가 쉬워진 것도 가족의 가치를 하락시켰다.

1960년대부터 실시한 산아제한 정책도 출산율 하락에 일조하였다. 1968년부터 우리나라에서 판매하기 시작한 먹는 피임약도 출산율을 하락시켰다.

전기 공급도 출산율 하락에 큰 영향을 주었다. 전기가 공급되어 밤늦게까지 놀거나 일하는 경우가 많아져 가족과 보내는 시간이 감소하였기 때문이다.

한국전쟁 이후 지난 70년간 전쟁이 없던 것, 범죄가 지속해서 감소하여 사회가 안전해진 것도 가족의 가치를 떨어뜨려 출산율을 하락시켰다.

1948년 5월 10일 제헌의원을 뽑는 선거가 처음으로 실시된 이후 계속 실시하는 선거도 출산율 하락에 영향을 주었다. 선거가 벌어지면 표를 얻기 위하여 선심성 정책을 펴기 때문이다.

1990년 이후에는 복지가 출산율 하락의 주범으로 등장하였다. 복지가 강화됨에 경제적 안전이 더욱 공고해져 자녀에 대한 필요성이 하락하였기 때문이다.

세금이 증가한 것, 1994년에 도입된 인터넷, 핸드폰 등도 출산율을 하락시켰다. 1990년 이후에는 신용카드가 보편화되고 곳곳에 CCTV가 설치되어 도둑이 급감하였다. 도둑의 감소는 남성에 대한 필요성을 하락시켜 혼인율과 출산율을 하락시킨다. 이 밖에도 다양한 먹거리, 자동차, 친교 범위 확대, 업무의 복잡도 증가, 세계화, 고학력화, 여행의 증가, 소득의 증가 등도 혼인율과 출산율을 하락시켰다.

2016년부터 출산율은 더욱 빠르게 하락하고 있다. 2016년 1.17에서 2022년 0.78, 2024년에는 0.6명 대로 떨어질 것으로 예상한다. 6년 사이에 33%나 하락한 것이다. 인간사 모든 것이 출산율에 영향을 주지만, 지난 6년 동안의 출산율 하락에 가장 영향을 준 것은 포퓰리즘 정책이다. 돈을 나눠줄수록 가족의 필요성이 감소하기 때문이다.

우리나라는 지금도 출산율을 하락시키는 요인들이 계속 강화되고 있어 출산율 하락은 앞으로도 지속될 것이다. 출산율 회복을 위해서는 자녀의 가치를 올리는 혁신적인 변화가 필요하다.

PS

필자가 살던 고향 마을에서 자녀가 가장 많은 집은 자녀가 16명 있었다. 이웃에 살던 당숙은 자녀가 13명이었다. 다른 집도 대부분 10명 가까이 되었다. 영유아 때 사망한 아기를 포함하면 대부분 10명을 넘었다.

결혼도 상당히 일찍 했다. 나의 큰아버지는 13세, 큰어머니는 14세 때 혼인하여 그다음 해 첫아이를 낳았다. 다른 어른들도 대부분 13~16세 정도에 혼인했다.

우리나라 출산율

베이비 붐의 비밀

　세계 여러 나라에서 2차 세계대전이 끝난 다음 해인 1946년부터 베이비 붐이 시작되어 20여 년간 지속되었다. 이처럼 전 세계적으로 동시에 출산율이 갑자기 상승하여 20여 년간 지속된 예는 없었다. 왜 2차 세계대전 후에 전 세계 모든 국가의 출산율이 상승하였는가?

　인구 증가를 가로막는 요인은 식량 부족, 전쟁, 질병, 맹수, 자연재해 등이다. 1946년부터 베이비 붐이 일어났다는 것은 이때 큰 변화가 있었다는 것을 의미한다. 1946년은 2차 세계대전이 끝난 다음 해이다. 따라서 전쟁이 끝난 것을 베이비 붐의 원인으로 추정할 수 있다. 그러나 1차세계대전 후에는 베이비 붐이 없었다. 병사가 귀환하고 심각한 경제 위기로부터 탈출하여 1~2년 동안 출산율이 조금 상승했을 뿐이다. 다른 어떤 전쟁 후에도 출산율이 상승했다는 기록은 없다. 따라서 전쟁 종료를 베이비 붐의 원인으로 보기 어렵다. 2차 세계대전이 종료되어 식량 사정은 나아졌으나 식량의 증가를 베이비 붐의 원인으로 보기는 어렵다. 전쟁에 참여하지 않은 국가는 식량 사정에 큰 변화가 없었으며 미국의 경우에는 전쟁 중에도 식량이 풍부했기 때문이다.

그렇다면 베이비 붐의 원인은 무엇인가? 1946년 이전에 천연두, 결핵, 콜레라, 디프테리아, 광견병, 파상풍 등의 백신이 개발되었으나 대부분 국가에서는 전쟁으로 인하여 접종이 일부에 국한되어 실시하다가 전쟁이 종료됨에 따라 범국가적으로 실시한다. 백신 접종에 따라 성인뿐만 아니라 영유아 사망률은 감소하고 생존하는 영유아는 증가한다. 이 당시 출생 1년 후에 출생신고를 하였는데, 생존하는 영유아가 증가하여 출생 신고한 아이의 수가 증가한 것이다. 영유아가 폐렴에 의하여 죽는 경우도 많았는데 1942년에 개발된 최초의 항생제인 페니실린도 크게 기여한다. 인간의 목숨을 가장 많이 앗아간 결핵 치료제가 1948년에 개발된 것도 큰 영향을 주었다. 1952년에는 소아마비 백신, 1963년에는 홍역 백신이 개발되어 베이비 붐이 1946년부터 1969년까지 오랜 기간에 걸쳐 일어난 것이다. 우리나라는 1970년부터 출산율을 집계하기 시작했는데, 이러한 백신과 항생제 덕분에 영유아 사망률이 크게 낮아져 실제와 등록 출생아 수가 일치하였기 때문이다.

베이비 붐은 몇 가지 유형으로 나뉜다.

유럽 국가 중에서 전쟁에 참여하지 않은 국가들은 출산율 상승폭이 작고 기간도 짧다. 2차 세계대전 중에도 경제가 나쁘지 않았고, 전쟁 중에도 이미 백신 접종을 하고 있었기 때문이다.

미국은 2차 세계대전과 한국전쟁에 대규모로 참전하여 병사들의 귀환 효과가 컸으며 백신 접종으로 영유아 사망률이 감소하여 출산율이 오랜 기간에 걸쳐 큰 폭으로 상승한다.

독일과 영국, 오스트리아 등의 참전국은 많은 병사가 귀환하고 경제가 회복되며 백신을 접종함에 따라, 오랜 기간에 걸쳐 출산율이 큰 폭으로 상승한다.

전쟁 중에 미리 백신을 접종하고 경제 사정도 좋았던 나라는 출산율의 상승 폭이 작았으며, 전쟁에 참여하여 경제 사정이 나쁘고 백신 접종을 못 하였으며 많은 사람이 전쟁에 참여한 국가는 장기간에 걸쳐 큰 폭으로 출산율이 상승한 것이다.

우리나라는 한국전쟁으로 가난한 나라가 더욱 가난해졌으며 모든 것이 폐허가 되었다. 세계 최빈국으로 영양 상태는 나쁘고 전염병은 창궐하여 영유아 사망률이 매우 높았다. 사람들은 자식 농사를 '반타작하면 잘한 것이다', '수도 없이 죽었다'라고 말하였다. 이런 최악의 상황에서 미국은 아프리카 대륙 전체에 원조한 것보다 더 많은 원조를 우리나라에 하였다. 대부분 백신과 항생제는 미국에서 개발되었는데, 미국이 이들 의약품을 지원하여 1954년부터 전국적으로 백신을 접종하였다. 미국은 의약품뿐만 아니라 대규모로 식량 지원도 하였는데, 이에 따라 식량 사정이 좋아지자, 영유아 사망률은 빠르게 감소하였다. 1940년대 출생아 1,000명당 500명 이상 사망하던 것이 1954년부터 빠르게 감소하여 1955년에는 225명으로 감소하였다. 그 결과 1955년부터 등록 출생아 수가 빠르게 증가하였다. 이렇게 베이비 붐은 시작되었다. 베이비 붐은 출산율이 증가하여 발생한 것이 아니라 미국의 백신과 식량 지원으로 영유아 사망자가 감소하여 발생한 것이다. 그 후 1961년에는 소아마비 백신, 1965년에는 홍역 백신이 추가 되어 영유아 사망자는 1960년 114명에서 1970년에는 52명으로 감소하였다. 2023년 현재 우리나라의 영유아 사망률을 2.7명으로 전 세계에서 가장 낮은 수준이다.

이상 살펴본 바와 같이 2차 세계대전 후에 발생한 베이비 붐은 의학의 발달로 발생한 것이다.

지난 100여 년 미국/일본/한국/인도 5세 미만 영유아 사망률 추이

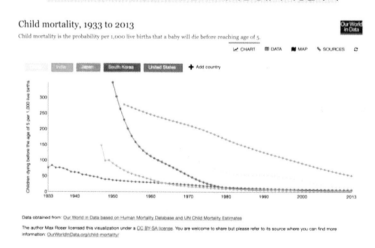

》 1950년 이전에는 영유아의 50% 이상이 5세도 안 되어 사망했다.

콜럼버스의 선물

    우리나라에서 굶어 죽는 사람들이 사라지고 식량이 여유가 있게 된 것은 통일벼가 재배되어 쌀의 자급이 달성된 1977년경이다. 그 이전에는 식량이 매우 부족하여 식량이 인구를 제한하는 가장 중요한 요소였다.

    선사시대 한반도에는 복숭아, 자두, 살구, 밤, 대추, 매실 등의 과일과 더덕, 쑥, 달래, 고사리, 씀바귀 등의 채소가 있었다. 석기시대에는 피가 티베트에서 전래하고, 신석기시대에는 도토리가 전래하였으며 도토리는 당시 가장 중요한 자리를 차지한다. 기원전 1000년 이전에 조와 수수, 벼, 보리 등이 전래하고, 신석기시대 이래 피와 기장, 조, 수수 등의 곡식이 재배된다. 삼한시대에는 배와 뽕이 전래하였으며, 삼국시대에는 콩, 오이, 가지, 참외, 마늘이 전래한다. 삼국시대에는 조와 보리, 밀이 가장 중요한 곡물이었으나 6세기경에는 벼가 가장 중요한 위치를 차지한다. 농경이 시작되기 전에는 그

날 얻은 식량 중에 가장 양이 많은 것이 주식이었으나, 농경이 시작되면서 곡물이 주식이 되고, 동물성 식품은 부식이 된다. 주식과 부식의 관념은 벼 문화권에서 뚜렷한데, 주식과 부식이 분리된 것은 삼국시대 후반기인 6~7세기경이다.

11세기에는 생강과 감귤, 12세기 초에는 잣, 앵두, 개암, 능금, 12세기 후반에는 오이, 가지, 무, 파, 아욱, 박이 전래한다.

1206년 글로벌 제국인 몽골의 등장으로 유럽과 아프리카 작물이 전래한다. 13세기 초에 토란, 연근, 도라지, 우엉, 상추, 감, 호두, 포도가 전래한다. 배추도 이때 전래하였으나 널리 재배된 것은 18세기 후반이다. 13세기 말에는 유자, 14세기 말에는 미나리와 수박, 목화가 전래한다.

항상 먹을 것이 부족하던 한반도에 16세기부터 신대륙 작물이 들어온다.

고추는 스페인에 의하여 유럽에 소개된 후 중국과 일본에 전파된다. 한반도에는 임진왜란 때 일본으로부터 전래하였으나 먹기 시작한 것은 18세기 이후이다. 20세기에 들어서 김치에 넣는 것이 일반화되었다.

담배는 포르투갈 상인이 명과 일본에 전파하였으며 한반도에는 임진왜란 직전에 왜관을 통하여 전래하였다. 그로부터 20년 만에 전국적으로 확산하여 17세기 초반에는 대중화되었다. 보급 속도가 가장 빨랐던 작물이다.

멕시코가 원산지인 호박은 1605년에 일본으로부터 전래하였으며, 당근, 비름, 쑥갓, 두릅, 시금치, 송이버섯은 조선시대에 전래하였다.

고구마는 15세기 말에 스페인에, 16세기에는 필리핀에 전파된다. 18세기 초에 일본에 전파된 것이 1763년에 조엄에 의하여 조선으로 도입된다.

토마토는 임진왜란 직후 전래하였으나 사라졌다가 20세기 초에 다시 도입되어 재배되기 시작하였다.

이렇게 전래한 많은 작물 중에서 가장 중요한 작물은 옥수수와 감자이다.

전 세계에서 수확량이 가장 많은 곡물인 옥수수는 남아메리카가 원산지로 남아메리카 사람들의 주식이었다. 옥수수는 1400년대 말에 유럽으로 전해지고 재배되어 사료로 활용된다. 유럽인들은 서아프리카에 옥수수를 전파하였으며 1540년경에는 서부 아프리카의 주식으로 자리 잡는다. 1600년경에는 중국과 인도, 동아프리카에도 전해지며, 1700년경에는 중국에서 광범위하게 재배된다. 한반도에는 16세기 중엽 중국에서 유입되어 널리 재배된다. 신대륙 작물 중에서 가장 먼저 한반도에 전래된 작물이다. 척박한 땅에서도 잘 자라 산지에서 많이 재배된다. 조선시대에는 식량 부족으로 수많은 사람이 굶어 죽었는데, 식량난을 완화한 대표적인 구황작물이다. 조선의 인구는 1600년경부터 지속해서 증가하였는데, 옥수수의 공이 크다. 지금은 남한에서는 한여름의 간식이지만, 북한에서는 감자와 더불어 주식으로 자리 잡고 있다. 양쯔강 이남인 강남 지역에서 전해졌다고 해서 '강냉이'라고 불리기도 하는 옥수수는 고구마와 더불어 조선 후기 인구 증가에 큰 역할을 한 고마운 작물이다.

안데스산맥의 고원지대가 원산지인 감자는 1570년에 유럽에 소개된 후 16세기에 아일랜드에 전파된다. 그 후 감자는 널리 퍼져나가 1700년대 후반에는 유럽 전역에서 재배된다. 감자 덕분에 1700년대 유럽의 인구는 폭발적으로 증가한다. 아일랜드의 경우에는 인구가 두 배나 증가한다.

우리나라에는 1824년에 청나라로부터 전래하여 19세기 후반에 함경도에서 재배되기 시작한다. 1900년경에는 전국적으로 재배되어 주요한 식량으로 자리 잡는다. 쌀이 부족한 북한에서는 주식으로 자리 잡고 있으며 북한의 인구 증가에 중요한 역할을 하고 있다.

한반도에서의 식량 증가와 인구 증가에 큰 몫을 한 옥수수와 감자! 우리의 식탁을 풍성하게 해 주는 고구마와 고추, 토마토, 호박! 모두 콜럼버스가 가져다 준 소중한 선물이다.

몽골과 콜럼버스는 당대 사람들에게는 큰 고난을 주었으나 살아남은 사람들에게는 큰 선물을 주었으니, 역사의 아이러니가 아닐 수 없다.

PS

아메리카 대륙은 콜럼버스 이후 많은 사람이 질병과 학살로 죽었으나 살아남은 사람들에게는 풍요로운 세상이 펼쳐졌다. 짐승이라고는 라마밖에 없고 철기도 없던 아메리카 대륙에 말, 소, 돼지, 양 등 가축이 들어오고 유럽의 온갖 곡물과 채소, 과학기술이 들어왔다. 콜럼버스 덕분에 아메리카 대륙은 많은 혜택을 보게 된 것이다.

결혼은 계약이다

부동산 거래는 계약이다. 사고파는 사람이 서로의 이익에 부합하면 매매 계약을 한다. 부동산 임대도 마찬가지이다. 임대인과 임차인이 서로의 이익에 맞으면 임대 계약을 한다. 물건을 구입하는 것이나 헬스 강습 등의 서비스를 받는 것도 계약을 통하여 이루어진다. 이러한 계약은 서로에게 이익이 되고 자신의 의지에 따라 하는 것이기 때문에 너무나도 좋은 것이다.

결혼은 계약인가?

과거에는 계약이라고 보기 어려웠다. 결혼 당사자가 배우자를 선택하거나 혼인을 결정할 권한이 없었기 때문이다. 부모가 혼인을 결정했으므로 부모의 계약이라고 볼 수 있다.

요즘에는 결혼 당사자가 요리조리 따져보고 배우자와 결혼을 결정하니, 결혼은 명확한 계약이다. 운명 같은 사랑에 빠져 결혼했거나, 조건을 보고 결혼했거나 모두 계약이다. 그리고, 저 사람과 결혼하면 이익이 될 것으로 기대했는데, 실제 살아보니 이익이 안 되어 계약을 파기하는 것은 이혼이다.

그런데, 요즘 혼인율이 지속해서 감소하고 있다. 1980년 조혼인율이 10.6이었는데, 2017년 5.2로 감소하였다. 반면에 이혼율은 지속해서 증가하고 있다. 1970년 0.4이던 것이 2003년 3.4로 증가한 후 고공행진을 하고 있다.

결혼이 감소하고 이혼이 증가한 이유는 결혼이 주는 이익이 감소하였기 때문이다. 더 큰 이유는 혼자 사는 이익이 크게 상승했으며, 날로 커지고 있기 때문이다. 혼자 살면서 공부하고, 돈 벌고, 여행 다니고, 연애도 하고, 취미 생활도 하고, 편히 쉬고, 자신이 번 돈은 자기에게만 다 쓰면서 하고 싶은 것 다 하고 살 수 있기 때문이다.

그렇다면, 출산은 계약인가?

결혼과 마찬가지로, 과거에는 출산을 계약으로 보기 어려웠다. 시부모와 남편이 강요하기에 출산을 안 할 수가 없었다. 아이를 안 낳으면 온갖 구박을 받거나 쫓겨나기 때문에 자신에게는 선택권이 없었다. 피임하거나 낙태할 수도 없었다.

반면에 요즘에는 대부분 부부가 합의하여 출산을 결정한다. 부부가 합의하여 결정하고 피임도 할 수 있으며 원하지 않는 임신을 한 경우 낙태도 할 수 있으므로 출산은 결혼과 마찬가지로 계약의 성격을 갖는다.

왜 출산율이 감소하는가?

신문 방송에서는 '경제적 부담, 일·가정 양립의 어려움, 육아의 어려움, 직업의 불안정' 등 다양한 이유를 들지만, 이것은 사실과 다르다. 모든 여건이 수십 년 전에 비하여 비교할 수 없을 만큼 좋아졌다. 그럼에도 출산율은 계속 하락하였다. 실제 아이를 안 낳는 이유는 위와 같은 것이 아니라, 아이를 낳아 키워도 이익이 적기 때문이다. 자녀로부터의 이익은 감소하고 무자녀로 사는 삶의 이익은 증가했기 때문이다. 자녀로부터의 이익이 감소한 것보다 무자녀의 자유로운 삶이 주는 이익이 큰 폭으로 증가했기 때문이다. **아이를 낳아 키웠을 때 큰 이익이 있다면 어떠한 어려움에도 아이를 낳아 키울 것이다.**

출산율이 상승하기 위해서는 결혼하고 아이를 낳아 키우는 삶의 이익이 독신과 무자녀로 얻어지는 이익보다 커야 한다. 아이를 많이 낳아 키울수록, 아이를 잘 키울수록 부모에게 돌아오는 이익이 커야 한다. 자녀의 성공이 부모의 성공이 되도록 해야 한다. 현실은 어떠한가? 자녀를 여럿 낳아 키워도 부모에게 돌아오는 경제적 이익은 거의 없다. 정서적 이익도 거의 없다. 같이 살지도 않고 경제적 지원도 없다. 자식을 낳아 키울 필요가 없는 것이다. 반면에 독신과 무자녀로 사는 삶으로부터 얻어지는 이익은 이미 상당히 크고 계속 증가하고 있다.

인간은 환경이 갖추어진다고 아이를 낳는 것이 아니라 필요가 있

어야 아이를 낳는다. 아이를 낳아 잘 키웠을 때 이익이 되도록 해야 출산이라는 계약이 많이 성사될 것이다.

세금이 범인이다

우리나라는 자유시장경제 국가인가? 아니면 사회주의 국가인가?

요즘 시대에는 100% 사회주의 국가도 없고, 100% 자유시장경제 국가도 없다. 전 세계 모든 국가는 그 중간 어디쯤 있다. 사회주의에 더 가까운 국가와 자유시장경제에 더 가까운 국가가 있을 뿐이다. 가장 사회주의에 가까운 국가는 모든 자산과 생산수단을 국가가 가지고 있는 쿠바와 북조선이며, 가장 자유시장경제에 가까운 국가는 미국일 것이다.

우리나라는 어느 정도 사회주의화 된 국가일까?

사회주의란 평등과 분배하는 것을 지향하기 때문에 어떤 국가가 어느 정도 사회주의화 되었는지는 GDP에서 세금이 차지하는 비율로 추정할 수 있다.

우리나라의 2022년 국민 부담률은 32.0%이다. 반면에 OECD 회원국 평균은 34.0%이며, EU 회원국 평균은 40.2%(2018)이다. 국민 부담률을 보면 우리나라는 유럽 국가들보다는 훨씬 더 자유시장경제에 가까운 국가로 보인다. 그런데, 유럽 국가는 세금으로 교육과 의료와 연금을 부담한다. 대부분의 OECD 국가도 세금으로 부담한다. 반면에 우리나라는 국민이 많은 교육비와 의료비를 지출한다. 연금도 연금저축 등에 가입하여 일부 부담한다.

우리나라의 GDP에서 교육비와 의료비가 차지하는 비중이 각각 5.2%(2014)와 8.1%(2017)인데, 국민이 10%를 지출한다고 가정하면 우리나라의 국민 부담률은 42.0%가 되어 이미 OECD 평균보다 훨씬 높으며, EU 국가들보다도 높다.

이렇게 국민 부담률이 상당히 높기도 하지만, 소득세를 보면 최고세율이 49.5%로 OECD 평균 43.6%보다 훨씬 높은 데다 면세자 비율(2017)이 41%로 16% 정도인 유럽 국가들보다 훨씬 높아 고소득자에게 세금이 집중되고 있다. 상속세는 최고세율이 60%로 단연 전 세계 1등이며, 어느 나라에도 없는 종합부동산세로 부동산 보유자를 중과하고 있다. 증여세도 세계 최고 수준이다. 반면에 균등 과세하는 부가세는 10%로 유럽 국가들의 절반에 불과하다. 이처럼 우리나라는 세금이 많을 뿐만 아니라 세금의 편중 또한 매우 심하다. 일부 국민은 이렇게 많은 세금을 내고도 교육비와 의료비는 상당 부분을 개인이 부담해야 하니 그들이 부담하는 실제 세금은 서유럽 국가들 국민보다도 많은 것이다.

이상 살펴본 바와 같이 우리나라 국민은 사회주의를 표방하고 있는 유럽 국가들 못지않은 세금을 부담하고 있으며, 그만큼 사회주의화 되어 있는 것이다. 우리나라보다 더 사회주의에 가까운 나라는 쿠바와 북한, 과거 소련의 영향 아래 있었던 국가들을 제외하고는 없을 정도로 사회주의화 되어 있으며, 사회주의를 지향하는 일부 서유럽 국가 못지않은 것이다.

문제는 사회주의화 될수록 경제는 침체하고 자유는 제한될 뿐만 아니라 출산율이 낮아진다는 데 있다. 세금이 많다는 것은 소득을 만들어 낸 국민에게 돌아오는 몫이 적다는 것이고, 자녀를 통하여 부모에게 돌아오는 이익 또한 적다는 것이다. 이처럼 세금이 많아지면 자녀의 가치가 낮아져 출산율이 낮아지게 된다. 동유럽 국가, 북유럽 국가, 서유럽 국가, 캐나다, 쿠바, 이란의 출산율이 낮은 것에서 보듯이 사회주의 국가의 출산율은 매우 낮다. 우리나라의 출산율이 낮은 것은 많은 세금을 걷어 분배하는 사회주의 정책을 시행하고 있는 것이 한몫하는 것이다.

우리나라의 출산율이 2015년 1.24에서 2022년 0.78로 7년 만에 37%나 추락한 것은 세율을 인상하여 많은 세금을 거둬 들이고 일자리 또는 지원금 등의 명목으로 돈을 분배하는 등의 사회주의 정책을 편 것과 무관하지 않다.

우리나라는 지난 이십여 년간 사회주의 정책이 계속 강화되어 왔고, 세금은 계속 증가하였다. 최근에는 이런 사회주의화가 더욱 빠르게 진행되고 있다. 단언컨대, **이런 사회주의화가 계속되는 한 출산율 상승은 없다.**

PS

우리나라 조세제도를 전면 재검토해야 한다. 현재와 같이 국민 쥐어짜서 세금 많이 걷어서 마구 뿌려대는 이런 사회주의적 조세 체제에서는 출산율 회복은 불가하다.

왜 50조를 넘게 써도 출산율은 하락하는가?

우리나라의 저출산 예산은 2006년 2.1조 원으로 시작하여 매년 큰 폭으로 증액되었다. 2020년에는 40.2조 원이 지출되었으며 2022년에는 51.7조 원이나 썼다. 이렇게 많은 돈이 저출산 문제를 해결하는 데 쓰였음에도 출산율은 계속 하락하였다. 출생아 한 명당 2억 이상의 돈을 쓰는데 왜 출산율은 오히려 하락하는가?

언론에서는 저출산 대책이라고 할 수 없는 예산이 많이 포함되어 있어서 출산율 증가에 효과가 없다고 한다. 즉, 아직도 저출산 예산이 부족하여 출산율이 오르지 않고 있다는 것이다. 그렇다면 저출산 예산을 더 많이 쓰면 출산율이 올라갈 것인가?

부모가 아이를 낳는 경우는, 자녀가 없는 것 보다 자녀가 있는 것이 더 이익이 되는 경우이다. 과거에는 피임도 어렵고 낙태도 할 수 없으며, 시부모가 강요하기 때문에 싫어도 아이를 낳을 수밖에 없는 경우가 많았다. 하지만 요즘에는 부부가 합의하여 자녀 계획을 세우고 피임하며 원하지 않는 임신의 경우 낙태를 할 수 있으므로 자녀는 전적으로 부모에게 이익이 되는 경우에만 선택될 수 있다.

그렇다면 저출산 예산은 부모에게 어떤 이익이 있는가?

저출산 예산의 대부분은 임신·출산·육아·교육에 쓰인다.

임신에 쓰이는 예산은 부모에게 어떤 이익이 있는가? 아이를 임신하는 데 도움이 되지만, 임신에 따르는 수고에 비하면 턱없이 부족하다. 따라서 아무리 많은 지원을 해 준다고 해도 임신을 하지 않을 때에 비하면 이익이 아니다.

출산·육아·교육에 쓰이는 예산도 자녀를 낳고 키우는 데는 도움이 되지만 출산·육아·교육에 따르는 수고와 부모가 들이는 시간에 비하면 비교할 수 없을 정도로 적다. 아무리 많은 지원을 해 준다고 해도 자녀가 없는 경우에 비하면 이익이 되지 않는다.

부모가 자녀를 키우는 데는 돈뿐만 아니라 많은 수고와 시간을 쓴다. 자녀 양육을 위하여 휴직할 때는 월급을 받을 수 없어 큰 손실이 발생한다. 양육을 위하여 퇴직할 때는 경력 단절로 인하여 더 큰 손실을 유발된다. 그런데 임신·출산·육아·교육을 지원하는 예산은 그 많은 수고와 시간, 기회비용을 넘지 못하고 대체하기에는 턱없이 적다. 따라서 결코 이익이 되지 않는 것이다. 51.7조 원의 예산은 양육에 따르는 비용과 수고를 덜어 주지만, 자녀가 없는 경우보다는 이익이 되지 않는다. 또한 저출산 예산은 자녀를 양육하는 데 쓰이는 것이지 부모를 위한 예산은 거의 없다. 지자체에서 주는 출산수당 외에는 없다. 그래서 그 많은 돈을 써도 부모에게는 가슴에 와닿지 않는 것이다. 자녀를 낳아 키우고 수고하는 것은 부모인데 부모에게 이익이 없으니 아무리 많은 돈을 써도 출산율은 오르지 않는 것이다.

저출산 예산 51.7조는 아이를 키우는 데 도움이 되는 것이지, 부모에게 이익이 되는 것은 아니다. 결국 부모가 기대할 수 있는 이익은 자녀로부터 얻는 이익인데, 자녀로부터 얻어지는 이익은 점점 감소하고 있다. 자녀들은 부모를 부양하지 않으며 자녀들이 집을 떠나면 얼굴 보기도 어렵다. 자녀들이 취직하여 월급을 타면 많은 세금을 국가에 내지만, 부모에게 돌아오는 이익은 전혀 없다. 부모가 노년의 어려움에 부닥쳐도 자녀들이 도와주는 경우는 거의 없다. 자녀를 낳아 키울 필요가 없는 것이다. 이런 상황에서 아이를 낳아 키우고 싶은 것이 오히려 비정상 아닌가?

세금의 증가·복지의 증가·분배의 증가… 이런 것들도 자녀의 필요성을 떨어뜨린다. 자녀로부터 얻어지는 이익은 떨어뜨리고 자녀가 없어도 사는 데 어려움이 없게 만들기 때문이다. 자녀로부터의 이익은 없고 혼자 사는 데 어려움이 없으니, 출산율이 하락하는 것이다.

현재 우리나라의 저출산 문제는 얼마든지 해결할 수 있음에도 불구하고 번지수가 다른 곳에 예산을 쓰기 때문에 많은 세금을 쓰면서도 저출산 문제를 해결하지 못하는 것이다.

출산율을 제고하기 위해서는 저출산 예산을 부모의 이익에 직결되게 써야 한다. 또한 자녀가 부모에게 이익이 되도록 제도를 바꿔야 한다. 자녀가 성공하면 부모도 그 성공을 같이 향유할 수 있도록 해야 한다. 아이를 낳아 키우고 싶은 마음이 생기도록 해야 한다. 세금은 줄이고 무분별한 복지는 삼가해야 한다. 그래서 건강한 가정이 만들어질 수 있는 환경을 조성해야 한다. 그러면 결혼은 증가하고 이혼은 감소하며 낙태는 감소할 것이다. 곧이어 출산율도 상승할 것이다.

소득이 높을수록 출산율이 낮은 이유

과거에는 피임과 낙태가 어려웠을 뿐만 아니라 시부모의 강권으로 아이를 안 낳을 수 없었지만, 요즘에는 부부가 합의하여 자녀의 수를 결정하고 피임과 낙태를 할 수 있으므로 자녀의 수를 마음대로 조절할 수 있다. 이 말은 자녀를 비용과 편익을 고려하여 선택하는 일종의 '재화'로 볼 수 있다는 것이다. 한 가정의 자녀의 수는 부모의 '자녀에 대한 수요'에 의하여 결정된다. 부모들의 자녀에 대한 수요는 일반 재화의 경우와 다르지 않다. 자녀의 수가 증가함에 따라 자녀에 대한 한계편익은 감소한다.

반면에 자녀를 하나 더 키울 때마다 추가로 들어가는 비용은 일정하다. 부부의 자녀의 수는 이 수요와 비용이 만나는 곳에서 결정된다.

자녀에 대한 수요는 다음과 같은 요인들에 의하여 영향을 받게 된다.

첫째, 부모의 개인적 특성, 즉 나이, 건강 상태, 교육 수준, 직업, 소득 수준, 종교, 가치관 등에 영향을 받게 된다. 결혼하는 나이가 늦어져 부모의 나이가 많아지면 수요는 낮아지게 된다. 계속 늦어지는 결혼 연령이 저출산의 중요한 요인 중의 하나이다.

둘째, 노동력으로서의 자녀 역할이 중요한 경우, 자녀에 대한 수요는 농기계와 같은 대체적인 생산도구의 이용이 쉬워질수록 감소할 가능성이 있다. 요즘에는 농기계가 발달하고 외국인노동자가 증가하여 자녀가 부모의 일손을 돕는 경우는 거의 없다. 이런 경우 수요는 하락하게 된다.

셋째, 노후에 대한 사회보장이 잘 될수록 자녀에 대한 수요는 감소하게 된다. 과거에는 자녀가 부모를 부양했으므로 자녀는 부모의 노후대책이었다. 하지만 현재에는 각종 연금과 복지혜택으로 자녀에게 노후를 의지하는 부모는 거의 없으므로 수요는 하락하게 된다. 각종 연금과 노령수당, 의료지원, 요양보호 등의 수많은 복지제도는 자녀를 필요 없게 만드는 저출산의 중요한 요인이다.

이상과 같은 세 가지 요인 외에도, 소득 수준은 자녀에 대한 수요를 결정하는 중요한 요인이다. 부모의 소득 수준은 부양 능력과 직결되기 때문에 소득이 높을수록 자녀에 대한 수요는 커지게 된다. 그러나 소득이 높을수록 자녀 양육에 드는 시간 비용도 커진다는 점에서는 자녀에 대한 수요는 감소하게 된다. 이러한 시간 비용은 자녀 양육에 많은 시간을 할애해야 하는 여성의 시간에 대한 기회비용이 클수록 두드러진다. 전문직 여성이나 성공한 여성, 고소득 여성들의 출산율이 낮은 이유이다.

인간의 모든 행위는 욕구와 직결되어 있는데, 고소득자일수록 주거 및 식생활 환경이 좋으므로 생리적 욕구의 충족도가 높으며, 경제적 욕구의 충족도도 높다. 소득이 높을수록 많은 돈을 지출할 수 있으므로 존중의 욕구도 충족하기 쉬우며, 자아실현도 쉽다. 소득이 높으면 이성을 만나는 것도 쉽다. 이렇게 욕구의 충족도가 높을수록 자녀의 수요는 낮아지게 된다. 이미 대부분의 욕구를 충족하고 있으므로 자녀를 통하여 욕구를 충족할 필요가 없기 때문이다. 소득이 높을수록 아이를 낳을 필요가 크게 감소하는 것이다.

이상 살펴본 바와 같이, 고소득자는 자기들 시간의 가치가 높으므로 양육에 드는 시간에 따른 손실이 클 뿐만 아니라 이미 대부분의 욕구를 충족하고 있어 아이를 낳아 키웠을 때 얻어지는 이익이 적어 출산을 기피하는 것이다.

고소득자를 사회적 관점에서 보면, 이들은 사회에서 제공하는 안전, 교육, 의료, 교통, 많은 돈을 벌 수 있는 환경은 누리면서, 후세 양육이라는 주요한 의무를 하지 않는 것이다. 하지만, 이런 고소득 독신자 또는 딩크족이라고 하는 무자녀 부부를 비난할 필요는 없다. 원래 모든 인간은 지독하게 이기적이기 때문이다. 이런 이기적인 인간의 본성을 애써 외면하고, 이기적인 인간이 아이를 낳고 싶은 마음이 들도록 하는 제도가 없음을 탓해야 할 것이다.

안전 확보의 역사

물리적 안전과 경제적 안전이 확보되어 혼자서도 잘 살 수 있게 됨에 따라 아이를 낳을 필요가 사라져 아이를 안 낳는 것이 저출산 현상이다. 어떻게 안전이 확보되었는지 살펴보자.

인간의 물리적 안전을 위협하는 요소에는 범죄, 전쟁, 질병, 맹수, 자연재해 등이 있다. 이러한 위험 요소는 우리나라의 경우 1900년 경부터 정복되기 시작하여 1990년경에는 완벽한 수준으로 개선되었다.

호랑이, 늑대, 곰 등의 맹수는 총의 보급으로 사라지게 되었다. 한반도에서는 총의 보급과 함께 적극적인 맹수 제거 정책으로 1940년 대에 전멸하였다.

1980년대까지만 해도 가뭄과 홍수는 매년 발생하는 연중행사였다. 대한민국을 생각하면 가장 먼저 떠오르는 것이 '붉은 산'일 정도로 산에 나무가 없었기 때문이다. 이러한 재해는 강과 하천의 정비와 함께 1960년대부터 실시한 산림녹화가 효과를 발휘하여 산에 나무가 울창해짐에 따라 1990년경에 완벽하게 극복되었다.

전염병은 1954년부터 실시한 백신 접종으로 완벽한 수준으로 예방되고 있으며, 신생아의 절반 정도가 2년 이내에 사망하던 것이 의학이 발달하여 현재는 1,000명당 2.7명으로 감소하였다.

2차 세계대전 이후 전쟁도 감소하였다. 교역의 확대와 전 세계의 노력으로 한국전쟁과 베트남전쟁 이후 대규모의 전쟁이 거의 사라졌다.

유럽의 경우, 원시시대에는 전체 인구의 15%가 피살되어 죽었으며, 1,500년경에는 인구 10만 명당 50명 정도가 피살되어 죽었을 정도로 살인 등의 범죄가 잦았으나 현재는 1명대로 감소하였다. 2012년, 우리나라는 유럽보다 낮은 0.84명을 기록하고 있다. 이처럼 범죄가 감소한 것은 과학기술의 발달로 전등, 라디오, TV, 전화, 핸드폰, CCTV, 디지털, 블랙박스, 자동차, 아파트 등의 안전도구가 출현하였기 때문이다. 이처럼 인간을 위협하던 요소들이 1990년경에는 거의 완벽한 수준으로 정복되었다.

경제적 안전도 1910년경부터 개선되기 시작하여 1990년경에는 완벽한 수준으로 개선되었다. 1953년 67달러이던 1인당 GDP는 2020년 3만 6,750달러로 증가하였다. 1970년대부터는 식량이 풍족하여 굶어 죽는 사람이 사라졌다. 현재는 건강보험과 각종 수당, 연금을 통하여 노년에도 기본적인 생활이 보장되고 있다. 이와 같은 경제 성장의 결과, 남자의 평균 키는 1914년 159.8cm에서 2014

년 174.9cm로 100년 사이에 15.1cm가 커졌으며, 여성의 평균 키는 142.2cm에서 162.3cm로 20.1cm가 커졌다.

물리적 안전과 경제적 안전의 정도를 잘 보여 주는 지표가 평균 수명이다. 1910년 우리나라의 평균수명은 24세였으나, 이 당시 영유아 사망률이 60% 이상이었던 것을 감안하면 1910년의 실제 평균 수명은 10세에도 못 미친다. 이렇게 낮았던 수명이 2018년에는 83세로 증가하였다. 물리적 안전과 경제적 안전이 거의 완벽한 수준으로 개선되었기 때문이다.

일반적으로 수명이 긴 국가일수록 출산율은 낮다. 동물과 마찬가지로 물리적 안전과 경제적 안전이 확보되면 모여 살 필요가 없어짐에 따라 아이를 낳을 필요가 없어지기 때문이다. **저출산 현상은 아이를 낳을 환경이 나빠서가 아니라, 아이를 낳을 필요가 없어서 발생하는 현상이다.**

100년 사이의 키의 변화

남자
174.9cm
159.8cm

여자
162.3cm
142.2cm

1914년   **2014년**   1914년   **2014년**

» 지난 100년 사이에 식량이 풍부해져 키가 많이 커졌다. 경제적 안전이 그만큼 좋아진 것이다.

우리나라 평균 수명의 변화

평균수명(세)

> 수명은 안전도를 나타내는 지표이다. 1910년 24세(영유아 사망률 고려 시 10세)에 불과
> 하던 수명이 2018년 83.1세로 증가하였다. 지난 100년간 사회가 완벽하게 안전한 사회
> 로 발전했음을 보여 준다.
> * 삼국시대, 신라, 고려시대 평균수명: 추정
> * 고려시대 왕 42.3, 고려시대 귀족 39.7, 조선시대 왕 46세

사회제도의 발달

필자가 어렸을 때 어른들이 들려주던 이야기가 있다. 조선시대에는 일반 농민이 아무리 열심히 일해도 잘 살 수가 없었다고 한다. 열심히 일해서 재산을 모아도 힘 있는 사람이 땅이나 곡식을 빼앗아 갔기 때문이다. 그러니 농민은 열심히 일할 필요가 없었다. 열심히 일해도 빼앗기게 되는데 누가 열심히 일을 하려고 하겠는가? 먼 옛날얘기가 아니다. 바로 100년 전의 얘기다.

전쟁으로 나라가 혼란에 빠지면 많은 백성이 굶어 죽었다고 한다. 전쟁으로 치안이 불안하면 농사를 지어도 수확을 보장받지 못하기 때문에 농사를 안 짓기 때문이다. 이처럼 치안이나 사회 안정은 국민이 잘살기 위한 기본 조건이다. 자기 재산을 지킬 수 있어야 열심히 일한다. 요즘에도 방송에서 비슷한 얘기를 한다. 우리나라 사람들이 법과 사회질서를 안 지키기 때문에 일 년에 수조 원씩 날아간다고 한다. 참으로 맞는 말이 아닐 수 없다.

농경시대에 억울한 일을 당하지 않기 위하여 어떻게 살았을까?

사람들은 서로 도와 줄 수 있는 친족끼리 마을을 이루며 살고 자녀를 많이 낳아 다른 사람들이 깔보지 못하도록 했다. 마을 사람들과 좋은 관계를 형성하여 어려울 때 도움을 받을 수 있도록 대비했다. 또한 관직에 나가 권력을 갖기도 했다. 이러한 경향은 최근까지도 유지되었다. 1980년대까지만 해도 대부분의 부모는 자녀가 법대에 가서 판사가 되든지 육군사관학교에 가길 원했다. 경찰대에 가서 경찰을 하라고도 했다. 안기부가 많은 사람의 선망 직업이기도 했다. 어떤 사람은 아버지의 강권으로 어쩔 수 없이 경찰대에 가기도 했다.

이처럼 어른들이 권력에 집착하는 것은 충분히 이해 가는 일이다. 인류 탄생 이래 사회가 불안정하여 재산을 빼앗기는 일이 허다했고 전쟁에 끌려 나가 죽을 고생 하고 강제 노역에 동원되는 일이 반복되었기 때문이다. 최근까지도 일제 강점기, 6.25 전쟁을 거치면서 큰 피해를 경험하였다. 전장에 나가 죽거나 각종 부역에 동원되었다. 투명하지 않은 시대이니 억울한 일이 얼마나 많았겠는가? 권력 있는 집안은 권력과 정보를 이용하여 각종 혜택을 독차지하니 얼마나 속이 상했겠는가? 그리고 그 당시에 어디 호소할 곳이라도 있었던가? 이와 같은 시대를 경험한 사람들이라면 당연히 판사가 되거나 군인이 되어 권력을 잡아 보는 것을 꿈꾸었을 것이다.

하지만 요즘은 어떤가? 최고의 인재가 몰리던 육군사관학교도 이제 큰 인기가 없다. 사법고시는 여전히 인기가 있으나 권력을 위해서가 아니라 돈을 많이 벌기 위해서인 듯하다. 어느덧 권력과는 아무 상관 없지만, 평생 돈 잘 버는 의사가 가장 인기 있는 직업이 된 지 오래되었다.

이제 누구도 부당하게 재산을 빼앗기거나 권리를 침해당하는 일은 없다. 간혹 있을 수 있지만 얼마든지 부당함을 호소할 수 있다. 법이 있고 경찰이 있고 인터넷에라도 올릴 수 있다. 아니면 국회 앞에서 시위라도 할 수 있다. 말 그대로 법 앞에 모두가 평등한 사회가 되었다.

옛날에는 빼앗기지 않기 위해서, 억울한 일을 당하지 않기 위해서 가족이 필요하고 친족이 필요하고 출세할 필요가 있었다. 하지만 이제 혼자 살아도 억울한 일을 당할 염려가 없다. 잘 발달한 민주주의와 사회제도로 인하여 개인으로 자유를 누리며 살 수 있게 되었다.

만약 현대사회에서도 공정하게 사람을 뽑거나 평가하지 않고 아는 사람, 특정 지역 사람, 특정 신분에게 특혜를 준다면, 정부와 기업에 부패가 만연한다면, 사람들은 열심히 일하고 실력을 쌓는 대신 자녀를 많이 낳아 정치인, 군인, 판검사로 키우고, 사돈의 팔촌까지 찾아다니며 향우회, 동창회, 종친회 등에도 열성적으로 참여할 것이다.

이처럼 잘 발달한 민주주의와 사회제도로 인하여 개인화 시대가 꽃을 피우게 되었으며, 결혼 기피와 저출산이 가속화되었다.

경로사상의 소멸

필자가 초등학교에 다닐 때인 1970년대만 해도 먼 길을 떠날 때는 아버지께 큰절을 올렸다. 집에 돌아오면 마찬가지로 아버지께 큰절을 올렸다. 식사 때에는 항상 아버지가 밥상의 중심에 앉았고 아버지가 먼저 식사를 시작해야 자녀들도 시작할 수 있었다. 아버지께 함부로 말대꾸하고 버릇없이 굴면 어머니 또는 형님들에게 뒤뜰로 끌려가 혼이 났다. 아버지가 말씀할 때는 조용히 경청하여야 했다.

이처럼 농경사회에서는 아버지의 권위가 매우 높았다. 하지만 현대사회는 어떠한가? 아무도 아버지를 존중하지 않는다. 단지, 회사에서 잘리지 않고 돈만 벌어오길 바랄 뿐이다. 자녀들은 집을 나서면서도 간단히 인사하고 나간다. 집에 돌아와서도 간단하게 인사하고 자기 방으로 들어간다. 식사는 아버지와 친구처럼 대화를 나누며 하거나 혼자 한다. 아버지가 무슨 잔소리라도 하면 자기 방으로 들어가 버린다. 때로는 자기 마음에 안 들면 아버지께 화를 내기도 한다. 부모가 간섭을 많이 하면 자녀들은 부모를 멀리한다. 오히려 부모가 자녀들을 가까이하려 하고 자녀 눈치를 본다. 자녀들은 부모가 의식주만 지원해 주기만 바라고 나머지는 관여하지 않기를 바란다. 현대사회에서 자녀는 부모의 상전이다. 그래서 상전 모시고 산다는 우스개소리가 있을 정도이다. 이러한 경향은 아버지에게만 국한되지 않는다. 마을 어른도 공경하지 않고 교장선생님도 우습게 본다. 담임선생님을 비난하기도 하고, 경찰의 권위에도 존중을 표하지 않으며, 법정에서도 소란을 피우기 일쑤고 판사를 협박하기까지 한다. 심지어 마음에 들지 않으면 대통령에게도 욕을 해댄다. 오직 자기들만이 최고이고 자기들만이 세상에 존재할 뿐이다. 오직 자기들만 생각하고 자기들만 중요한 세상이다. 한마디로 어른이 존중받지 못하는 세상이다.

이와 같은 변화는 부모의 자녀에 대한 만족도를 크게 떨어뜨린다. '자녀를 왜 낳았나?'하는 회의감이 들게 한다.

농경사회에서 자녀들은 왜 아버지를 공경했을까?

첫째, 아버지로부터 토지를 상속받아 농사를 지어야 생계를 유지할 수 있으므로 아버지에게 순종할 수밖에 없었다. 눈 밖에 나기라도 하면 다른 형제보다 적게 받기 때문에 아버지에게 순종할 수밖에 없었다. 하지만 현대사회에서는 아버지의 재산을 물려받아 그것으로 생계를 이어 나가는 경우는 매우 드물다. 일부 부자를 제외하면 대부분 해당하지 않는다. 학교를 졸업하면 대부분 부모를 떠나 경제적으로 독립한다. 이에 따라 자신의 생계유지에 관한 한 아버지에 대한 의존도가 많이 감소하였다.

둘째, 농사를 짓기 위해서는 아버지 또는 동네 어른들의 경험과 지식이 필요했다. 또한 농사는 경험이 필요하고 혼자 지을 수 없으므로 그분들의 협조가 절대적으로 필요했다. 하지만 현대사회에서는 동료의 협조가 필요할 뿐, 아버지의 도움 따위는 필요 없다. 동네 어른들에게 도움받을 일은 더욱 없다.

셋째, 아버지는 옛날이야기도 들려주고 마을의 돌아가는 이야기, 세상 돌아가는 이야기를 들려주었다. 아버지가 시장에 다녀오고 많은 사람을 만나기 때문이다. 하지만 현대사회에서는 아버지에게 정보를 들을 필요가 없다. 라디오, TV, 인터넷, 스마트폰에서 뉴스와 지식을 얼마든지 얻을 수 있기 때문이다.

넷째, 지역사회에서 아버지는 이미 어떤 위치를 점유하고 있었다. 아버지의 위치에 따라 자녀들도 위상이 달라질 수 있었다. 따라서 아버지가 부유하고 마을에서 어떤 자리라도 차지하고 권위가 있는 것은 매우 중요하였다. 하지만 대부분 사람이 도시에서 사는 현대사회에서 아버지에 대하여 알지도 못하고 관심도 없다. 또한 법과 제도가 정비되어 고위층에 있는 아버지라 하여도 자녀에게 큰 영향이 없다. 아버지가 장관을 해도 자녀들에게 미치는 영향은 별로 없다.

다섯째, 아버지는 가정의 커다란 울타리였다. 집안의 안전을 지키는 분이었다. 아버지가 있으므로 가족이 든든하고, 도둑을 방지할 수 있었고, 동네 사람들로부터 존중받을 수 있었다.

여섯째, 학교가 없었던 시대에 아버지는 자녀 교육의 중요한 역할을 했다. 자녀들은 아버지를 보며 자랐다. 아버지는 자녀들의 정신적 기초가 되었다. 하지만 현대사회에서는 학교의 발달과 인터넷의 발달로 아버지께 배울 필요가 없다. 또한 지식이 매우 세분화되어 자녀를 충분히 잘 교육할 수 있는 아버지도 거의 없다.

일곱째, 아버지는 가장 많은 노동을 하였다. 어머니도 많은 일을 하였지만 아버지가 가장 오랫동안 힘든 일을 하여 가족을 부양하였다.

이처럼 인터넷의 발달, 안전장치의 발달, 사회의 분화, 사회제도의 발달 등으로 자녀에게 아버지는 돈만 벌어오면 되는 대상으로 바뀌었다. 그 이상 필요한 것은 거의 없다. 어른들의 효용성이 떨어짐에 따라 가치가 내려가고 어른에 대한 존경도 사라져갔다. 젊은이에게는 어른이라고 해서 자기들보다 특별히 많이 아는 것도 아니고 많은 돈을 버는 것도 아닌 그저 그런 존재이다. 공짜로 지하철 타고 병원에 많이 다니고 연금이나 받아 자기들의 부담이나 키우는 존재로밖에 안 보일 수 있다. 젊은 층에 노인은 가치가 없는 존재가 된 지 오래다. 이제 경로사상도 역사책에서나 볼 수 있는 단어가 되었다. 문제는 경로사상의 소멸이 자녀의 가치를 떨어뜨려 자녀에 대한 필요성을 낮추고 저출산을 촉진하는 데 있다.

여권 신장

농경사회에서 여성의 권한은 매우 초라하였다. 여성이 할 수 있는 것이라고는 인고의 세월을 견디면서 결혼하여 아이 낳고 잘 키워 아이 덕분에 권한을 얻는 것이 전부였다. 예나 지금이나 가족이 성공할 수 있는 가장 좋은 방법은 자녀가 출세하는 것이다. 하지만 농경사회에서는 여성의 사회 진출이 불가능하여 가족 내에서 여성의 가치는 낮아지고 남성의 가치는 올라갈 수밖에 없었다. 여성의 가치란 집안일과 농사일하고 아이를 양육하는 것이었다. 여성의 가치가 낮을 수밖에 없는 사회였다.

조선시대의 경우를 살펴보자. 조선시대에 여성은 토지를 상속받지 못하여 시집을 가서 남성에게 몸을 맡길 수밖에 없었다. 시집을 가서도 여성의 지위는 매우 낮았다. 가장 낮은 자리에서 온갖 서러움과 궂은일을 다 해야 했다. '귀머거리 3년, 벙어리 3년, 장님 3년'이라는 말에 그 고충이 얼마나 심했는지 짐작할 수 있다. 이때 여성들이 유일하게 희망은 아이일 수밖에 없었다. 아이를 많이 낳아 그 아이가 성장함에 따라 어머니의 위상도 올라가기 때문이다.

이러한 경향은 귀족도 크게 다르지 않았다. 2009년 KBS에서 '천추태후'라는 사극을 방영하였다. 이 사극에서 보면 귀족들이 딸을 왕에게 시집 보내어 왕비가 되게 하고 왕자를 낳아 왕이 되도록 온갖 노력을 다하는 것을 볼 수 있다. 아들이 커서 왕이 되면 왕의 어머니도 큰 권한을 갖게 되어 권력을 휘두르고, 아들이 왕이 못 되면 말없이 남의 눈치만 보고 살았다. 여성의 권한이 낮으므로 아들을 이용하여 권한을 얻으려 한 것이다. 유교를 숭상하였던 조선시대에는 이러한 경향이 더욱 심하였다.

현대사회에서 여성의 권한은 어떠한가? 차별이나 불이익을 받는 것이 있는가? 차별은 고사하고 여러 면에서 우위에 있고 혜택을 받고 있다. 여성이라고 해서 불이익을 받는 경우는 찾을 수가 없다. 심지어 국가에서조차 여성의 눈치를 보며 '여성가족부'를 두고 여성의 권한 확대에 노력하고 있다.

여성의 권한은 민주주의의 발달, 사회제도의 발달, 서구 문화의 영향으로 해방 이후 크게 신장하였다. 여권이 높아짐에 따라 자연스럽게 자녀를 통하여 여성들의 권한을 확보하고 위상을 높일 필요가 없어졌다. 이처럼 여권 신장은 자녀에 대한 필요성을 낮추어 저출산을 유발하게 한다.

아직도 인권이 보호받지 못하고 여성의 권한이 낮은 중동과 아프리카 국가들의 출산율이 매우 높은 것을 보면, 여권 신장이 출산율에 큰 영향을 미침을 알 수 있다.

여/성/연/표

1948	여성 투표하게 되다 - 여성의 선거권 인정
1958	여성은 능력자다 - 여성을 무능력자로 규정했던 가족법 개정
1976	결혼해도 근무 - 은행 여자 행원, 결혼퇴직제 폐지
1987	고용 시 차별 없어 - 남녀고용평등법 제정
1988	여성정책 전담 기구인 정무 2장관실 발족
1989	가사노동 가치를 법적으로 인정한 가족법 3차 개정
1995	여성기본법 생기다 - 여성 발전을 위한 기본법 제정
2000	정당법 개정으로 여성 공천 할당제 도입
2001	여성부 신설
2005	호주제가 폐지되고 '가족 관계법'으로 대치. 여성도 자신의 성(姓)을 자식에게 물려줄 수 있게 됨

≫ 해방 이후 여성의 권한은 제도적으로뿐 만 아니라 실질적으로도 크게 향상되었다. 앞으로 여성의 지위는 더욱 상승하여 남성을 압도할 것이며, 여성시대에 걸맞은 행복한 삶을 누릴 것이다. (출처: 농촌여성신문, 2008년 8월 18일)

가족의 가치 증대

　식량 문제와 안전 문제가 해결된 현대사회에서 가족의 남아 있는 유일한 기능은 사랑의 욕구를 충족하기 위한 기능이다. 현대사회에서 자녀는 경제적으로 도움이 안 되고, 안전 문제에도 필요 없다. 자존의 욕구에도 도움이 안 되며 자아실현을 하는 데는 방해만 된다. 오로지 하나 남은 자녀의 가치는 소속과 사랑의 욕구를 충족하는 데 있다. 하지만 요즘 아이들은 부모에게 그리 호의적이지 않다. 초등학교 고학년이 되면 부모를 멀리하기 시작한다. 부모와 자녀들 간의 대화도 적다. 대학생이 되면 대부분 집을 떠나고 직장을 잡으면 더욱 멀어진다. 자녀가 결혼하면 이웃만도 못하다. 유학 가거나 이민 가면 없는 것이나 다를 바 없다. 이런 상황에서 누가 아이를 낳겠는가? 많은 아이를 낳는 부모가 있다면 제정신이 아니다.

　자녀의 가치를 올리기 위해서는 학교에서든 직장에서든 자녀와 부모가 함께 할 수 있는 시간을 많이 만들어야 한다. 학교에서도 부모를 자주 참여시키고 직장에서도 자녀가 아르바이트한다든지, 같은 직장에 다닌다든지, 직장 방문을 자주 하게 한다든지 하여 가족이 자주 함께 할 수 있도록 하여야 한다.

정부 행사나 사회 행사 또한 마찬가지이다. 마라톤 대회나 걷기대회, 자전거대회, 등산대회, 공연 등 각종 대회를 동호회나 개인 위주로 하지 말고 가족이 함께 참여할 수 있도록 하여야 한다. 부모가 늙고 병들었을 때도 되도록 가족과 함께 생활하고 자녀가 돌 볼 수 있도록 해야 한다. 그렇게 함으로써 우리의 삶 속에 가족이 중요하게 자리 잡도록 하여야 한다.

현대사회에서 직장 문제로 부부가 따로 떨어져 사는 경우가 많은데, 정부나 기업에서는 부부의 직장이 같거나 같은 지역으로 옮겨 같이 살 수 있도록 하여야 한다. 가족이 함께하는 시간이 많아지고 가족이 행복해 지면 출산율은 저절로 올라가게 마련이다.

그동안 우리는 오로지 자녀들의 성공과 행복에만 집중해 온 경향이 있다. 자녀들은 자신들의 인생에만 관심을 쏟았다. 출산율이 높아지기 위해서는 삶의 단위가 개인 중심에서 가족 중심으로 바뀌어야 한다. 가족이 함께하는 것이 좋고, 가족이 함께하는 시간이 많아져야 출산율이 올라갈 것이다.

15~44세 배우자가 있는 여성의 자녀관

(단위: %)

연 도	반드시 가져야 함	반드시 가질 필요는 없음		모르겠음
		갖는 것이 좋음	없어도 무관	
1990	90.3	-	-	1.2
1997	73.7	16.6	9.4	0.3
2000	58.1	31.6	10.0	0.6
2003	54.4	32.3	12.6	0.6

〉(출처: 한국보건사회연구원, "2003년 전국 출산력 및 가족보건, 복지실태조사", 2004)

소득 vs 출산율

1,000$ 이하 국가들

27개의 국가가 1인당 GDP가 1,000$ 이하인 매우 가난한 국가이다. 네팔, 아이티, 타지키스탄, 예멘, 아프가니스탄을 제외하고 모두 사하라 사막 이남에 있다.

1,000$ 이하의 저소득 국가 중에 출산율이 낮은 국가는 네팔 2.12, 아이티 2.92, 타지키스탄 3.36, 르완다 3.88이다. 네팔은 사회주의를 추구하여 출산율이 낮은 것으로 추정된다. 르완다는 1990년대 초까지 종족 간 학살 등으로 불안정하였으나 그 후 안정을 찾으면서 치안이 좋은 나라로 변모하였다. 출산율은 1982년 8.4명에서 2016년 3.88명으로 빠르게 하락하였다. 가난함에도 정치적으로 안정되고 치안이 확보되면 출산율이 하락함을 보여 준다. 출산율이 4명 이상인 국가는 대부분 정치적으로 불안정하거나 치안이 불안한 국가들이다.

1,000$~3,000$ 국가들

이 구간의 33개 국가 중에서 출산율이 낮은 국가는 우크라이나 1.47와 베트남 1.95이다. 인도 2.33, 방글라데시 2.10, 미얀마 2.21, 우즈베키스탄 2.46 등도 낮다. 정치적 안정과 사회주의 성향으로 출산율이 낮다.

3,000$~7,000$ 국가들

이 구간의 46개 국가 중에서 모든 동유럽 국가의 출산율은 2명 이하이다. 뿌리 박힌 사회주의 때문이다. 유럽 이외의 국가 중에서는 이란(1.66)과 콜롬비아(1.85)가 낮다. 이란 또한 사회주의의 영향으로 출산율이 낮다.

7,000$~15,000$ 국가들

이 구간에 속해 있는 31개 국가 중에서 모든 동유럽 국가의 출산율은 2.0명 이하이며, 유럽 외 지역에서는 태국(1.48)과 브라질 (1.73), 코스타리카(1.78)의 출산율이 낮다. 태국은 정치적 안정으로, 브라질은 정치적 안정과 사회주의 영향으로 출산율이 낮은 것으로 보인다.

15,000$ 이상 국가들

55개의 이들 국가 중에서 90% 이상의 국가 출산율은 2.0명 이하이다. 50% 정도의 국가는 1.5명 이하로 매우 낮다. 소득이 높을수록 출산율이 낮아짐을 보여준다.

GDP가 15,000$ 이상인 국가 중에서 출산율이 높은 국가는 중동 국가들이다. 1.75~2.53명의 출산율을 보인다. 여성을 차별하는 이슬람 종교의 영향으로 보인다.

이 소득 구간에서 가장 높은 출산율을 보이는 국가는 이스라엘(3.11)과 사우디아라비아(2.53) 이다. 사우디아라비아는 GDP가 높으며 정치적으로도 안정되어 있다. 치안도 좋으며 사회주의 정책을 펴고 있다. 출산율을 하락시키는 모든 요소를 갖추고 있음에도 불구하고 출산율이 높다. 이것은 여권이 매우 낮은 것에 기인한다. 사우디 여성은 자기 의사에 따라 결혼할 수 없으며, 여행 시에는 남성 보호자가 동행해야 한다. 운전 금지 조치가 해제된 것도 최근의 일이다. 이 밖에도 수많은 규제와 차별이 있다. 이처럼 여성의 지위가 낮으면 여성은 자녀를 낳아 자녀를 자신의 지지 세력으로 만들려 한다. 조선시대 여성들이 아들을 낳아 자신의 울타리를 만들려고 했던 것과 같은 이유이다.

이상 살펴본 바와 같이 **정치가 안정될수록, 치안이 좋을수록, 사회주의적일수록, 소득이 높을수록 출산율은 낮아진다.** 경쟁이 완화되고 살기 편할수록 출산율은 낮아진다. 반면에 정치가 불안정할수록, 치안이 나쁠수록, 가난할수록, 여성 차별이 심할수록 출산율은 상승한다. 살기 어려울수록 출산율은 상승한다. 이런 현상은 동물과 식물에서도 똑같이 나타난다.

살기 좋은 세상과 높은 출산율은 공존할 수 없는 것인가? 살기 좋으면서도 아이를 낳고 싶은 나라를 만드는 지혜가 필요하다.

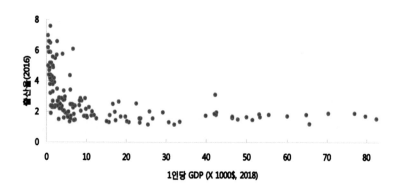

소득 vs 출산율

사회의 변화가 출산율에 미치는 영향

이전에 서술한 바와 같이, 자녀의 가치 하락에 따른 수요의 감소가 저출산의 주요 원인이다. 사회의 변화가 자녀의 가치에 어떠한 영향을 주는지 살펴보자.

식량

인간이 탄생한 수백만 년 전부터 식량은 항상 매우 부족했다. 이러한 식량은 1910년경부터 빠르게 증가하여 점점 풍부해지고 있다. 양도 많아질 뿐만 아니라 종류도 다양해지고 있다. 어디에나 먹을 것이 있고 간편식도 많아져 손쉽게 음식을 먹을 수 있다. 이처럼 먹을 것이 풍부해지고 손쉽게 얻을 수 있으면 자녀의 가치는 하락한다. 노인이 되어서도 먹는 것 때문에 자녀에게 의지할 필요가 없기 때문이다.

성

조선말에는 15세 전후에 결혼하고 평생을 부부가 함께 살았다. 만나는 사람들도 대부분 친인척과 마을 사람으로 매우 제한되어 있었다. 하지만 요즘에는 30세가 넘어서 결혼하고 사회생활을 하면서 많은 사람을 만난다. 배우자 이외의 사람을 만날 기회가 매우 많아졌다. 이것은 결혼의 가치와 배우자의 가치를 하락시킨다.

주택

아궁이에 불을 지펴 난방하고, 해마다 지붕과 구들을 수리해야 했던 가옥에서는 노후에는 자녀의 도움이 필요하였다. 하지만 요즘에는 편리한 주택에서 보일러로 손쉽게 난방한다. 주택을 수리하는 일도 거의 없다. 이러한 편리한 주택은 자녀의 가치를 하락시킨다.

물리적 안전

전기가 없던 시절에는 밤이 되면 가족이 둘러 앉아 얘기를 나누곤 했다. 이때 어른들이 아이들에게 들려주던 이야기의 대부분은 호랑이, 늑대, 여우, 귀신, 도깨비, 도둑 이야기였다. 그 당시 사람들의 관심사가 무엇이고 얼마나 위험한 사회였는지 짐작할 수 있다. 이렇게 안전하지 않은 사회에서는 아들의 가치가 매우 높다. 요즘에는 너무나 안전하여 불안을 모르고 산다. 호랑이, 늑대 얘기는 관심이 없다. 자녀의 가치가 하락하는 중요한 이유이다.

경제적 안전

소득이 높을수록 혼자서도 잘 살 수 있으므로 자녀의 가치는 하락한다. 연금이 강화될수록 자녀에 대한 의존도가 하락하기 때문에 자녀의 가치는 하락한다. 복지가 강화될수록 자녀에 대한 의존도가 하락하여 자녀의 가치는 하락한다. 세금이 많아질수록 자녀의 가치는 하락한다. 최근 몇 년 사이에 출산율이 더욱 빠르게 하락하였는데, 이것은 세금의 증가, 복지의 강화와 무관하지 않다.

생산도구

농경사회에서는 자녀가 학교에서 돌아오면 농사일을 도왔다. 모내기 철에는 한 달 이상 학교에 빠지면서 농사일을 돕기도 하였다. 도시에서는 가게 일이나 공장일을 도왔다. 하지만 요즘에는 자녀들이 부모의 일을 돕는 일은 없다. 자녀가 부모의 생업을 돕지 않아 생산도구로서의 역할이 사라지면 자녀의 가치는 낮아진다.

노후대책

농경사회에서는 아들이 장성하여 농사를 지어 부모를 부양하였다. 하지만 요즘에는 자녀가 많은 돈을 벌어도 부모를 부양하는 경우는 드물다. 자녀가 부모를 부양하지 않을수록 자녀의 가치는 하락한다.

친교

농경사회에서는 생활이 단조롭고 친교의 범위가 좁아 대부분 시간을 가족과 함께 보냈다. 하지만 현대사회에서는 친교의 범위가 넓고 오락과 여가 활동이 다양해지면서 가족과 같이 지내는 시간이 많이 감소하였다. 이것은 가족의 가치를 떨어뜨린다.

통신

농경사회에서는 세상 소식을 들을 수 있는 유일한 통로가 아버지였다. 아버지가 시장에 다녀와서 여러 소식을 듣고 가족에게 전해 주었다. 요즘에는 통신이 발달하여 정보를 손쉽고 빠르게 입수한다. 이것은 가족의 가치를 떨어뜨린다.

도시화

우리나라는 1900년대 이후 꾸준히 도시화가 진행되어 현재는 90%를 넘어섰다. 도시에서는 많은 사람과 교류할 수 있고 밤에도 활동할 수 있어 가족과 같이 지내는 시간이 감소한다. 도시화는 가족의 가치를 떨어뜨린다. 그래서, 대도시일수록 출산율이 낮다.

의료체계

과거 농경시대에는 질병이 있는 경우, 가족이 비용과 간병을 전담하였다. 하지만 요즘에는 비용 대부분을 건강보험에서 내며 가족이 간병하는 일도 드물다. 특히, 자녀가 비용을 부담하고 간병하는 경우는 거의 없다. 이러한 의료체계의 변화로 자녀의 가치는 크게 하락하였다.

이 밖에도 세계화, 업무의 복잡성과 강도의 증가, 긴 교육 기간, 결혼 연령의 상승 등도 결혼의 가치와 자녀의 가치를 떨어뜨렸다.

자녀의 가치를 높이는 변화도 있다. 최근 최저임금이 빠르게 인상되어 직원을 내보내고 자녀가 부모의 일손을 돕는 경우가 늘어났다. 이 경우 자녀의 가치는 상승한다. 이처럼 자녀의 가치가 상승하는 예도 있으나, 대부분의 변화는 자녀의 가치를 떨어뜨리고 있다. 우리 사회와 정부가 저출산을 조장하고 있는 것이다. **출산율을 회복하기 위해서는 자녀의 가치를 올리는 변화가 있어야만 한다. 인간은 자녀의 가치가 상승하여 자녀가 필요해야 아이를 낳기 때문이다.**

전 세계 출산율

2초마다 이 지구상에는 5명의 아이가 태어난다. 그중 3명은 아시아인이다. 지금 지구상에 살고 있는 인구는 지금까지 지구상에 살았던 총인구의 7% 정도가 될 정도로 많다.

20세기에 들어서 인구는 급격하게 증가했다. 영아사망률 감소, 평균수명 증가, 의학 발달, 공중 보건 개선, 특히 식량의 증가로 인구는 급격하게 증가했다. 지금도 인구는 계속 증가하고 있다. 하지만 최근 들어 전 세계 출산율이 계속 감소하고 있다. 이대로 출산율이 계속 감소하면 전 세계 인구는 머지않아 더 이상 증가하지 않고 104억 명에 도달한 후 서서히 감소할 것으로 전망된다.

1800년대만 해도 전 세계 평균 출산율은 6.5~8명에 달하였다. 그렇게 높던 출산율이 1970년에는 4.5, 2000년에는 2.8로 크게 낮아졌다. 2050년에는 1.6명까지 낮아질 전망이다.

2008년 현재 44개 선진국의 출산율은 1.6으로 이미 매우 낮다. 중진국은 2.9로 상당히 높지만 계속 낮아지고 있다. 저개발국은 5.0

으로 매우 높지만, 빠른 속도로 낮아져 2050년에는 3.0명 이하로 낮아질 전망이다.

이렇게 전 세계적으로 출산율이 감소하는 원인은 다음과 같다.

- 과학기술과 산업의 발달로 안전한 사회로 변화
- 사회복지제도 강화
- 민주주의의 확산
- 전 세계의 사회주의화
- 사회제도의 발달과 부정부패의 감소
- 여권 신장
- 개인화
- 교육 수준의 향상
- 도시화
- 전쟁의 감소
- 자녀의 가치 감소
- 평균수명 증가

현대사회에서는 정보의 흐름이 매우 빨라 선진국에서 채택한 제도와 문명의 도구가 후진국에도 빠르게 전파한다. 우리나라의 경우를 보면 공무원들이 세계 각국을 돌아다니며 여러 나라의 제도를 파악한다. 새로운 제도가 있으면 깊은 검토 없이 곧바로 적용한다. 동남아 여러 국가와 아프리카, 중앙아시아 국가의 공무원들이 우리나라를 자주 방문한다. 산업화 경험과 여러 가지 제도 등을 도입하기 위해서이다. 우리나라도 적극 알려주고 지원한다. 이상과 같은 공식적인 경로 이외에도 여행, 언론, 인터넷, 유학, 교역 등을 통하여 각종 정보가 빠르게 전파된다. 이에 따라 전 세계의 대부분 국가는 비슷한 정치제도(민주주의), 사회복지제도(연금, 교육제도, 의료제도), 사법제도, 조세제도 등을 가진다. 문화와 가치도 비슷해진다. 인권, 평등, 박애, 복지 등을 최고의 선으로 간주한다. 즉, 전 세계 모든 국가가 비슷한 국가가 되는 것이다. 안전한 사회, 과학기술의 발달, 산업의 발달, 교역의 증진, 복지제도, 민주주의, 사회주의화, 여권 신장, 개인화, 도시화, 높은 교육 수준 등이 전 세계에 보편화된다. 일부 이슬람 국가를 제외한 전 세계는 서유럽의 제도와 문화, 정신을 추종한다. 이슬람 국가들조차도 겉으로는 서유럽 문화를 거부하는 듯하지만, 실제는 많은 부분을 추종한다. 전 세계가 서유럽화 되고 있다. 이에 따라 가족의 가치가 낮아져 출산율이 세계적으로 낮아지고 있다.

전쟁이 감소한 것도 중요한 원인이다. 무기와 교역이 발달하고 국가 간의 교류가 활발해 짐에 따라 국가 간의 문제를 외교로 해결하려는 경향이 강하며 이에 따라 전쟁이 크게 감소하였으며 사회가 안정됨에 따라 출산율이 줄어들게 되었다.

여기에 예외가 있다. 아프리카와 중동 국가들이다. 아프리카 국가의 출산율은 5명 정도, 중동 국가의 출산율은 3 정도로 타 대륙에 비하여 높다. 전쟁과 종교 분쟁으로 사회가 불안하고, 정치가 불안정하며, 복지제도의 수준이 낮고, 사회가 부패하며, 민주주의가 발달하지 않고, 여성의 인권이 보호받지 못하기 때문이다.

전 세계 출산율

년도	1800	1970	1985	1990	1995	2000	2005	2010	2050
출산율	8.0	4.5	3.58	3.38	3.05	2.8	2.65	2.55	1.6

≫ 전 세계 출산율이 1800년대 8명에서 계속 감소하고 있다. 2050년에는 1.6명으로 감소할 전망이다. 사회가 안전해지고 대부분 국가가 사회주의와 복지를 추구하고, 평등을 추구하기 때문이다. 사회복지제도가 강화되고, 산업이 발달하여 도시화 됨에 따라 출산율은 더욱 감소할 전망이다. (출처: 통계청 자료)

수명과 출산율

출산율에 가장 큰 영향을 주는 핵심 요소는 안전 문제이다. 안전도가 높아지면 출산율은 낮아진다. 국가의 안전도를 나타내는 가장 정확한 지표는 수명이다. 평균수명이 가장 긴 나라가 가장 안전한 나라이다. 즉, 동북아시아와 서유럽 국가가 가장 안전한 나라들이다. 그리고 이들 국가의 출산율은 세계 최저 수준이다. 즉, **평균수명과 출산율은 반비례의 관계를 갖는다.**

같은 안전도(평균수명)를 갖는 경우에도 국가별로 출산율의 차이가 크다. 예멘과 카자흐스탄의 평균수명은 62.7세, 64.9세로 비슷하나, 출산율은 4.81, 1.87로 큰 차이가 있다. 이라크와 러시아, 북한, 우크라이나의 평균수명은 67.4세 정도로 비슷하나, 출산율은 3.76, 1.41, 1.94, 1.27로 큰 차이를 보인다. 73세로 비슷한 수명의 베네수엘라와 페루의 출산율은 2.45, 2.32이나 불가리아와 헝가리는 1.41, 1.39로 낮다. 안전도가 비슷하더라도 사회주의 성향이 강한 국가의 출산율은 그렇지 않은 국가의 출산율보다 크게 낮다. 이것은 자녀에 대한 기대 이익이 떨어지기 때문에 발생하는 현상이다. 서유럽 국가의 평균수명은 모두 80세 전후로 비슷한데 프랑스의 출산율만 2.02로 높다. 이것은 프랑스에 이민자가 많기 때문이다. 이민자는 본국에서의 출산율과 비슷한 수의 아이를 낳는 경향이 있으며, 이민 온 국가에 기반이 부족하므로 자녀를 많이 낳아 자신의 안전도를 높이려 하기 때문이다.

평균 수명과 출산율 관계

》 국가의 출산율은 수명, 즉 안전도에 반비례한다. 사회주의 성향, 즉 분배에도 반비례한다. 반면에 이민의 유입에는 정비례한다. 우리나라는 사회의 안전도가 매우 높고 사회주의 성향은 강하며 이민의 유입은 적어 인구가 지속해서 감소할 전망이다. (평균수명 2006년, 출산율 2010년 자료)

복지제도

우리는 빈부 격차가 없고 각종 연금으로 노후를 보장해 주는 복지국가를 최고의 선진국 모델로 생각하며 우리가 지향해야 할 국가로 생각한다. 정치인, 언론인, 교수, 학자, 노동자, 기자 등 말 좀 한다는 사람은 모두 평등, 분배, 복지를 주장한다. 물론 맞는 말이다. 빈부 격차 없이 평등하게 죽을 때까지 경제적으로 어려움 없이 사는 것을 누가 나쁘다고 할 수 있겠는가? 하지만 모든 것에는 양면이 있듯이 복지제도에도 부작용이 있다. 좋다고 하는 것일수록 나쁜 면도 그만큼 많다. 모두가 좋다고 하는 것은 대부분 가장 나쁜 것이다. 어떤 것도 좋기만 한 것은 없으며 모든 것에 정답인 것도 없다. 그래서 모두가 좋아하는 복지제도를 냉정한 눈으로 볼 필요가 있다.

과학기술과 산업이 발달하고 전 세계가 세계화로 점점 좁아지면서 빈부 격차는 커진다. 이런 상황에서 서유럽의 사회주의 이념과 복지제도가 확산하여 현대국가는 복지를 강화하는 추세에 있다. 하지만 모든 것에는 양면이 있듯이 복지제도는 많은 장점 못지않은 많은 문제점을 갖고 있다.

자립심과 근로의욕을 저하해 경제 침체를 불러오고, 복지행정에 큰 비용이 소요되어 국가 전체의 경제에 악영향을 끼치기도 한다. 복지는 가족의 역할을 대체하여 가족의 해체를 촉진하기도 한다. 또 다른 문제는 출산율에 심각한 악영향을 끼친다는 것이다.

우리나라 사람이 노후에 가장 의지하는 것은 국민연금과 개인연금 등의 연금일 것이다. 2014년 7월부터 기초연금까지 더해져서 노후 보장이 더욱 강화되었다. 이에 따라 우리나라 국민 대부분은 연금에 의존하여 노후를 보낼 수 있게 되었다.

연금에 대한 의존은 젊은 사람도 마찬가지일 것이다. 수십 년 직장을 다니면 국민연금 받을 수 있고 거기에 저축 등을 더하면 노후에 살아가는 데 별문제가 없으리라 생각할 것이다. 집이 있고 매달 300만 원 정도만 있으면 부부가 사는 데 별문제가 없을 것이다. 이처럼 연금은 자녀들의 경제적인 도움 없이도 노후를 살 수 있도록 한다. 농경시대에는 자녀가 노후를 보장해 주었으나 현대사회에서는 연금과 각종 복지제도가 노후를 보장해 주고 있다. 복지제도가 자녀를 대체하고 있는 것이다.

유럽의 경우를 보자. 대부분의 유럽 국가는 우리나라보다 많은 연금을 주고 의료비도 정부에서 지원해 준다. 따라서 집만 있으면 노후를 보내는 데 아무런 문제가 없다. 자녀들에게 전혀 의지하지 않고도 살 수 있다.

농경사회에서 자녀를 갖는 가장 큰 이유가 노후 부양이었는데, 바로 각종 사회보장제도가 노후를 자녀 대신 지켜주는 것이다. 사회보장제도가 자녀의 필요성을 저하하고 있는 것이다. 저출산 국가를 보면 한결같이 사회보장제도가 잘 발달한 나라이거나 분배 위주의 국가이다. 대표적인 저출산 대륙인 동유럽, 서유럽, 캐나다, 러시아 등은 사회보장제도가 발달하였거나 분배 위주의 국가들이지 않은가? 잘살고 못살고 하는 것보다 사회보장제도와 분배정책이 저출산의 가장 큰 원인이다. 대표적인 예가 북한이다. 굶어 죽는 사람이 있을 정도로 가난한 북한의 2008년 출산율은 1.85이다. 또한 남미에서 출산율이 가장 낮은 나라는 사회주의 국가인 쿠바(1.49)이다. 자녀가 있어도 부모에게 도움이 안 되고 국가가 노후를 보장해 주면 아이를 낳지 않는다. 반면에 소득이 높아도 빈부 격차가 큰 나라는 출산율이 높다. 일반적으로 사회보험이나 양로원 등과 같은 공적인 복지제도가 없는 나라에서는 가족 체계가 훨씬 광범위하며 견고하다. 거기에서는 가족 체계를 통해 서로서로 지원을 주고받아야 하기 때문이다. 당연히 가족 체계를 견고히 하기 위해서는 아이를 많이 낳게 된다.

유럽 국가들이 완벽한 복지를 하겠다면서 국민에게, '요람에서 무덤까지'(영국 노동당), '가족을 대체한다'라는 슬로건을 내걸었다. 말 그대로 **요람에서 무덤까지 국가가 책임진 결과 가족이 없어지고 있다.**

빈부 격차를 해소하고 인권을 신장하고 사회 안정을 위하여 만들어진 각종 사회복지 제도가 바로 저출산을 유발하고 있다. 현재 복지와 평등은 전 세계를 지배하는 시대정신이다. 따라서 복지는 계속 강화되고 출산율은 계속 낮은 수준을 유지할 전망이다.

복지가 가족을 대체하면 가족은 사라진다.

국민 부담률과 출산율 관계

국가	덴마크	벨기에	이탈리	헝가리	독일	스페인	캐나다	터키
국민부담률	48.6	44.6	42.6	38.9	36.7	32.6	30.6	29.3
출산율	1.74	1.65	1.32	1.39	1.42	1.47	1.58	2.18

국가	스위스	미국	한국	멕시코	러시아	쿠바	레소토	짐바브
국민부담률	27.1	25.4	24.3	19.7	29.5	44.8	42.9	49.3
출산율	1.46	2.06	1.22	2.31	1.41	1.61	3.00	3.66

국가	바레인	필리핀	라오스	예멘	사우디	이집트	아이티	쿠웨이
국민부담률	4.8	14.4	10.8	7.1	5.3	15.8	9.4	1.5
출산율	2.47	3.23	3.22	4.81	2.35	3.01	3.07	2.70

》 아프리카와 남미 이외의 지역에서는 국민 부담률이 높은 국가의 출산율이 낮다. 복지가 강화될수록 출산율이 낮아짐을 알 수 있다. (국민 부담률: 2013년 자료, %, 출산율: 2010년 자료)

캐나다의 사회복지 제도

의료보험	모든 의료행위는 국가 의료보험 프로그램을 신청한 모든 캐나다에 거주하고 있는 사람에게 무료 이용의 혜택을 주고 있음
사회구제 보호금	기본 생계를 조달 못 하는 개인이나 가장에게 수혜
실업보험	고용주와 피고용주의 기여 및 연방정부에 의한 기금 운영, 직업 소개, 보충 훈련, 재 훈련
연금	모든 근로자에게 퇴직 후 기본 연금을 제공할 목적으로 실시되는 제도 수혜 대상: 모든 근로자에게 퇴직 후 기본 연금을 제공할 목적으로 실시
가족 수당	자녀들에 대한 수당 (17세 미만)
노인 연금	일정 기간 캐나다 거주 요건을 충족시킨 65세 이상의 영주권자에게 지급되는 연금제도이며 18세 이후 10년에서 40년 이상 캐나다에 거주한 영주권자가 혜택을 받을 수 있다. 노인 연금 또는 보장된 소득 부가 수혜

》 캐나다의 사회복지 제도는 잘 발달하여 죽을 때까지 사는 데 큰 어려움이 없다. 가족은 가족수당 받는 데 필요할 뿐이다. (출처: 고려이주개발공사)

제4장

오만과 편견

왜 골드미스는 결혼하지 않는가?

과거 농경사회에서는 결혼과 출산에 대하여 부모가 절대적인 권한을 가졌지만, 요즘에는 여성 자신이 전적으로 결정한다. 그래서 여성의 관점에서 결혼과 출산을 바라볼 필요가 있다.

여성은 결혼을 통하여 남편으로부터 얻게 되는 욕구의 충족으로 행복이 기대될 때, 독신으로 사는 것보다 결혼하여 사는 것이 행복할 것으로 기대될 때 결혼한다. 여성이 욕구를 충족하는데 남편은 어떤 가치가 있을까?

새벽부터 밤늦게까지 남편과 같이 식사하고 같이 일하던 농경사회에서는 여성이 생리적 욕구를 충족하는데 남편은 매우 중요하였다. 남편이 없으면 의식주를 해결하는 데 어려움이 많았다. 하지만 현대사회에서는 남편이 없어도 기본적인 생활을 하는 데 어려움이 없다. 생리적 욕구를 만족하는데 남편의 가치가 사라진 것이다.

물리적 안전을 확보하는데도 과거에는 남편이 중요하였다. 여자가 혼자 살면 도둑의 표적이 되기 쉽고, 동네에서 기를 펴고 살기 어려웠다. 하지만 요즘에는 여자 혼자 살아도 안전에 위험을 느끼지 않는다. 도둑맞을 위험도 없고 강도당할 위험도 없다. CCTV와 안전한 주택, 자동차, 핸드폰, 디지털 덕분에 여성이 혼자 살아도 안전을 위협받지 않는다. 물리적 안전을 확보하는데 남편의 가치가 사라진 것이다.

농경사회에서는 힘을 써야 하는 일이 많아 남편이 중요하였다. 하지만 지식사회인 현대사회에서는 힘은 중요하지 않다. 여성도 열심히 공부하면 전문직에 종사하여 고소득을 얻을 수가 있다. 전문직에 종사하지 않더라도 성실하게 일을 하면 얼마든지 잘 살 수 있다. 경제적 안전을 확보하는데 남편의 가치가 크게 낮아진 것이다.

농경사회에서는 대부분 시간을 남편과 보내기 때문에 정서적 욕구를 충족하는 데도 남편은 매우 중요하였다. 하지만 현대사회에서는 많은 사람을 만나고 교류하며 낮에는 직장에서 일하기 때문에 정서적 욕구를 충족하는데 남편의 가치가 크게 감소하였다.

농경사회에서는 남편의 지위에 따라 여성의 지위도 결정되었다. 하지만 요즘에는 남편이 존중받는다고 해서 아내가 존중받는 일은 없다. 존중 욕구를 충족하는데 남편의 가치가 사라진 것이다. 현대사회에서는 존중받으려면 성공해야 하는데 남편이 있는 경우 구속이 되고 시간을 빼앗겨 오히려 방해되는 경우가 많다. 자아실현의 욕구를 충족하는 데도 같은 이유로 남편은 방해가 된다. 존중의 욕구와 자아실현 욕구를 충족하는 데 남편의 가치는 마이너스이다. 남편이 없는 것보다 못한 것이다.

농경시대에는 '여자 팔자 뒤웅박 팔자'라는 말이 있었다. 어떤 남편을 만나는 가에 따라 운명이 결정되었기 때문이다. 여성의 운명을 결정할 정도로 남편은 절대적으로 중요하고 가치가 있었다. 그래서 짚신도 짝이 있었다. 아무리 가난하고 보잘것없어도 여성의 선택을 받았다. 하지만 요즘에는 남편 없이 살아도 욕구를 충족하는 데 어려움이 없게 되면서 남편의 가치가 제로에 가깝게 되었다. 남편의 가치가 사라졌으며 남편 없이 살아도 어려움이 없으니, 여성들은 결혼할 필요를 못 느낀다. 돈을 잘 버는 남편일 경우 경제적 안전 욕구를 충족하는 데 도움이 되어 돈 잘 버는 남성들만 약간의 가치가 있을 뿐이다. 그래서 여성들은 돈 잘 버는 남성들을 찾는다. 하지만, 돈 많은 남자라도 돈 잘 버는 여성에게는 이마저도 가치가 없다. 자신이 이미 경제적 안전을 확보하였기 때문이다. 그래서 의사, 변호사, 교사, 공무원, 골드미스 등 고수익의 안정적인 직업을 가진 여성들은 비혼이 많다. 고학력일수록 비혼율이 높은 것도 같은 이유이다. 남편이 실직하거나 퇴직하면 이혼율이 상승하는 것도 실직 또는 퇴직으로 인하여 경제적 안전 욕구를 충족하는데 더 이상 도움이 안 되기 때문이다.

비혼이 증가한 것은 남편이 아내의 행복에 기여하는 바가 감소하였기 때문이고, 출산율이 하락한 것은 자녀가 엄마의 행복에 기여하는 바가 감소하였기 때문이다. 출산율 회복을 위해서는 자녀의 가치를 올려 자녀의 필요성을 느끼도록 해야 하고, 혼인율을 높이기 위해서는 남편의 가치를 높여 남편의 필요성을 느끼도록 해야 한다. 하지만, 현재 우리나라는 남편의 가치가 지속해서 하락하고 있다. 거꾸로 가고 있다. 혼인율과 출산율이 지속해서 하락하는 이유이다.

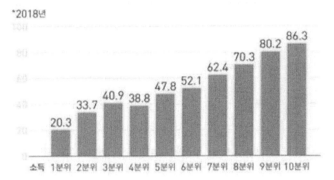

30대 남성 임금근로자 혼인율

(단위: %)

*2018년

20.3 33.7 40.9 38.8 47.8 52.1 62.4 70.3 80.2 86.3

소득 1분위 2분위 3분위 4분위 5분위 6분위 7분위 8분위 9분위 10분위

자료: 통계청 경제활동연구조사
인포그래픽: 권세라

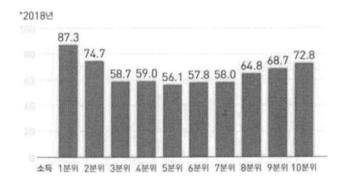

30대 여성 임금근로자 혼인율 (%)

*2018년

87.3 74.7 58.7 59.0 56.1 57.8 58.0 64.8 68.7 72.8

소득 1분위 2분위 3분위 4분위 5분위 6분위 7분위 8분위 9분위 10분위

> 여성들에게 소득이 높은 남성이 가치가 있으므로 남성의 소득이 높을수록 혼인율이 높다.
여성은 소득이 낮을수록 남성을 필요로 하여 혼인율이 높다.

일·가정 양립이 어려워 아이를 안 낳는가?

출산을 어렵게 하는 이유 중의 하나가 '일·가정 양립의 어려움'이라고 한다. 과거 농경사회에서는 아이를 10명이나 낳고 하루 종일 일하며 살았는데 요즘에는 아이 하나 키우면서 죽는소리를 한다. 그 이유를 살펴보자.

우리나라 여성의 가사노동 시간은 2007년 하루 264분에서 2014년 152분으로 7년 동안 42%나 감소하였다. 전 세계에서 가사노동 시간이 가장 짧다. 세탁기, 청소기, 전기밥솥 등의 가전제품 덕분에 가사노동 시간이 크게 감소하였다. 최근에는 가족의 수가 감소하고 간편식이 유행하여 더욱 짧아지고 있다. 대부분 아파트에 거주하는 것도 가사노동 시간을 크게 감소시켰다. 그럼에도 출산율은 오히려 감소하고 있다.

과거 농경사회에서는 물리적 안전이 확보되지 않았다. 사람 반 도둑 반이었다. 강도를 만나는 경우도 있었다. 그래서 사람들은 마을을 이루고 공동으로 안전을 지키며 살았다. 농사를 짓는 데에도 이웃의 도움이 필요하여 사람들은 모여 살 수밖에 없었다. 특히 여성의 경우에는 더욱 그러하였다.

하지만 요즘에는 어느 곳이나 안전하며 혼자서도 얼마든지 먹고 살 수 있다. 다양한 복지제도까지 갖춰져 혼자 사는 것이 더욱 용이하게 되었다. 사회적으로 물리적 안전과 경제적 안전이 확보된 것이다. 안전이 확보된 사회에서는 존중 욕구, 자아실현 욕구, 호기심 욕구에 집중한다. 그런데, 이러한 욕구를 충족하는 데는 가족은 오히려 방해된다. 남편과 아이들이 있는 경우 구속이 되고 시간을 빼앗기게 되어 자기 일에 집중할 수 없기 때문이다. 이처럼 물리적 안전과 경제적 안전이 확보된 사회에서는 존중 욕구, 자아실현 욕구, 호기심 욕구에 집중하면서 혼자 사는 것을 선호하게 된다.

현대사회는 지식사회이다. 지식이 성공과 부를 결정한다. 그래서 사람들은 평생 공부한다. 공부하려면 자신에게 집중해야 하는데, 아이를 양육하는 것은 많은 시간과 수고가 필요하여 공부를 어렵게 한다. 고학력자들의 비혼율이 높고 출산율이 낮은 이유이다.

과거에는 생활 범위가 매우 좁았으나, 현대에는 교통과 통신이 발달하여 전 세계가 열려 있다. 과거에는 자신이 사는 지역에서 1등을 하면 명예와 부를 얻을 수 있었지만, 현대에는 나라에서 1등을 해도 별로 알아주지 않는다. 현대사회에서는 무슨 일을 하든지 전 세계에서 최고가 되어야 한다. 모두가 1등을 하려고 치열하게 경쟁하는데, 아이를 양육하는 것은 자신의 일에 몰두할 수 없게 하여 뒤처지게 만든다. 이러한 이유로 아이를 기피하게 된다. 이러한 현상은 자기 일에 열성인 전문직 여성과 성공한 여성에게 많이 나타난다. 소득이 높을수록 출산율이 낮은 이유이다.

전문직도 아니고 고학력도 아니고 업무도 바쁘지 않은 직장에 다니는 여성도 시간이 없기는 마찬가지이다. 여가를 즐기는 방법이 넘쳐나기 때문이다. 철 따라 해외여행을 가야 하고, 영화도 봐야 하며, 게임도 해야 하고, 친구도 만나야 한다. 건강관리도 하고 드라마도 챙겨봐야 한다. 유튜브에는 재미있는 것이 넘쳐난다. 일을 않고 공부를 안 해도 시간이 부족한 세상이다. 전업주부도 같은 이유로 바쁘기는 마찬가지이다. 이처럼, '일·가정의 양립이 어렵다'는 말은 과거보다 업무와 집안일이 어려워서 생긴 말이 아니라, 실제는 공부와 놀이가 크게 증가하여 나온 말이다.

과거 농경사회에서는 밤이 되면 할 일이 없었다. 낮에도 현대사회처럼 바쁘지는 않았다. 그런데 요즘에는 늘 시간이 부족하다. 아이를 양육할 시간은 더욱 부족하다. 공부에 집중하는 여성이건, 일에 집중하는 여성이건, 집에서 살림만 하는 여성이건 모두 시간이 없다. 자녀의 필요성은 적은데 시간은 부족하니 더욱 출산을 기피하는 것이다. 이처럼 바쁜 현대사회에서는 **자녀의 필요성을 높이지 않는 한 출산율 회복은 절대 없을 것이다.**

세계 최고 부자 국가의 출산율은 왜 낮은가?

　전 세계에서 1인당 GDP가 가장 높은 나라는 카타르이다. 2019년 GDP가 무려 133,254$에 달한다.

　카타르는 중동에 있는 입헌군주국이며, 아랍인으로 구성된 이슬람 국가이다. 1971년 영국으로부터 독립한 270만 명의 소국이다. 페르시아만에 위치하며 사우디아라비아에 접해 있다.

　카타르는 낮에는 야외활동이 불가능할 정도로 덥고 습하며, 천연가스와 석유가 풍부하다. 가스와 석유, 정유가 주 산업이며, 재정수입의 90% 이상이 천연가스와 석유로부터 나온다. 카타르는 석유와 천연가스로 버는 돈으로 전 국민에게 수도 요금, 전기 요금, 의료비, 교육비를 무상 지원한다. 교육을 장려하고자 대학을 졸업한 국민에게는 토지를 무료로 준다. 근로를 장려하고자 평생 소득세도 면제해 준다. 30만 명의 카타르 국적자에게는 매년 1억 원씩의 돈을 나눠주며 결혼하면 주택도 무상으로 지원한다. 집안일, 청소, 경비, 건설 등의 어려운 일은 인도, 필리핀, 파키스탄, 네팔, 방글라데시 등의 외국인 노동자가 도맡아 한다. 전 국민이 일할 필요가 없으며, 전 국민이 왕자와 공주처럼 편안하게 사는 나라이다. 이처럼 모든 것이 갖춰져 있음에도 불구하고 출산율은 1.91명으로 이웃 국가인 사우디아라비아보다 낮다.

카타르에서 500km 떨어진 곳에 예멘이 있다. 카타르는 아라비아 반도의 동쪽에 있으며 예멘은 남쪽에 있다. 예멘인은 카타르와 같은 아랍인이며 종교도 같은 이슬람교이다. 예멘의 GDP는 750$로 아랍 지역에서 가장 가난하다. 그럼에도 예멘의 출산율은 4.0명으로 카타르보다 두 배 이상 높다. 가난하고 국가로부터의 지원이라고는 전혀 없음에도 불구하고 출산율이 카타르보다 2배 이상 높은 이유는 무엇인가?

예멘은 1918년 오스만 제국으로부터 북예멘이 독립하여 자유시장경제 국가가 된다. 남예멘은 1967년 소련의 지원하에 영국으로부터 독립하여 사회주의 국가가 된다. 두 나라는 분쟁을 지속하다 1990년 통일을 하여 아라비아반도 국가 중 유일하게 공화제를 채택한 입헌국가가 된다. 그러나 통일 후에도 지금까지 남예멘 세력과 북예멘 세력간의 전쟁은 끊이지 않고 있다. 이러한 전쟁을 피하여 많은 국민이 외국으로 탈출하고 있으며 그중 600여 명은 제주도에 들어와 난민을 신청하였다. 모든 것이 주어진 카타르보다 가난하고 치안이 나쁘며 전쟁으로 고통받는 예멘의 출산율이 높은 이유는 무엇인가?

신문 방송에서는, '돈이 없어 아이를 못 낳는다', '아이 키우기 어려워서 아이 못 낳는다', '일자리가 불안정하여 아이 못 낳는다'고 주장해 왔다. 그런데, 카타르와 예멘에서 보듯이 왕자와 공주처럼 편안하게 잘살고 치안이 좋은 카타르의 출산율은 1.91명으로 낮고, 가난하고 전쟁을 치르고 있으며 실업률이 30%를 넘는 예멘의 출산율은 4.0명으로 높다.

카타르와 예멘의 사례는, 인간은 환경이 갖춰지면 아이를 낳는 것이 아니라는 것을 잘 보여준다. 인간은 환경이 갖춰진다고 아이를 낳는 것이 아니라 필요해야 아이를 낳는다. 카타르는 모든 것이 주어져 자녀가 없어도 사는 데 아무런 어려움이 없다. 따라서 많은 수고를 해가며 구태여 아이를 낳을 필요가 없다. 하지만, 예멘에서는 가난하여 먹고 살기 위해서는 가족이 서로 도와 어려움을 헤쳐 나가야 한다. 전쟁으로 사회가 불안하고 범죄가 많아 가족과 친족들이 서로 도와 안전을 확보해야 한다. **생존하는 데 가족이 절대적으로 필요하므로 출산율이 높은 것이다.**

우리나라는 매년 저출산 예산을 큰 폭으로 증액해 왔다. 하지만, 출산율은 지속해서 하락하였다. 2022년에는 51.7조 원의 막대한 예산을 지출하였지만, 출산율은 0.78명으로 역대 최저를 기록하였다. 자녀의 필요성은 높이지 않고 양육지원 등의 환경을 개선하는 데에만 예산을 투입한 결과이다.

양성평등과 출산율

양성평등이 안되어 아이를 못 낳는다고 주장하는 사람들이 있다. 여성이 가사와 아이 양육을 전담하기 때문에 아이를 못 낳는다는 것이다. 독박육아라며 어려운 양육 환경을 호소한다. 직장에 다니면서 가사와 육아를 전담해야 하는 상황이라면 그 어려움이 충분히 이해가 간다.

그런데 다른 나라를 살펴보면, 양성평등이 잘되어 있는 서유럽 국가의 출산율은 오히려 낮다. 철저한 남녀평등을 추구하는 사회주의 국가의 출산율은 더욱 낮다.

우리나라는 양성평등을 넘어 여성 우위의 사회가 되었음에도 출산율은 계속 하락하고 있다. 시간 여유가 있는 전업주부와 바쁜 직장 여성의 출산율도 거의 차이가 없다.

반면에, 여성이 차별받는 국가의 출산율은 오히려 높다. 사하라 사막 이남의 아프리카 국가 여성들은 대부분 집안일과 육아를 도맡아 하는데 출산율은 가장 높다. 중동의 이슬람 국가에서도 여성이 심한 차별을 받는데 출산율은 1.7 ~ 4.7로 상당히 높은 편이다.

우리나라에서도 조선시대부터 1960년대까지 여성은 지독한 차별을 받았으나, 조선시대의 출산율은 10명 이상으로 매우 높았으며, 1960년에도 6명으로 상당히 높았다.

이상 살펴본 바와 같이, 일부 전문가들이 주장과는 달리 양성평등이 될수록 출산율은 하락하고 여성이 차별받을수록 출산율은 오히려 상승한다. 왜 이런 현상이 발생하는 것일까?

조선시대 여성들은 결혼하면 시부모의 지시에 따라 가사일과 농사일을 해야 했다. 아이도 낳고 육아도 해야 했다. 노예와 다름없는 생활을 했다. 이른 새벽부터 해가 질 때까지 힘든 노동을 해야 했다. 시집에서는 조부모가 가장 지위가 높고, 다음은 시부모, 그다음은 남편이며, 며느리는 노예나 다름없는 가장 낮은 위치였다. 이런 노예 상태를 벗어나는 가장 빠른 길은 자녀를 낳는 것이었다. 특히, 아들을 낳는 것이었다. 아들이 어머니의 울타리가 되어 주기 때문이다. 따라서, 여성들은 기필코 아들을 낳으려 했다. 아들이 자신의 노후를 보살펴 주기를 바라는 목적도 있지만 여성에게는 노예 상태에서 탈출할 필요가 더욱 절실했다. 이와 같은 이유로 아이를 많이 낳았다.

중동의 이슬람 국가는 남녀 차별이 심하기로 유명하다. 여성에게 히잡 또는 부르카 등을 쓰게 하고 복장과 행동을 제한한다. 재산권, 직업, 오락, 문화 활동, 스포츠 등 다양한 분야에서 차별하는데, 여성들은 자녀를 낳음으로써 이러한 차별에서 다소 벗어날 수 있다.

중동 국가 중에서 여성 차별이 심한 대표적인 국가는 사우디아라비아이다. 사우디아라비아는 GDP가 31,000$로 높으며 정치적으로도 안정되어 있다. 치안도 좋으며 사회주의 정책을 펴고 있다. 출산율을 하락시키는 모든 요소를 갖추고 있다. 그럼에도 출산율은 상당히 높다. 이것은 여성이 차별받는 것에 기인한다. 사우디 여성은 후견인의 허락 없이 결혼할 수 없으며, 이혼도 할 수 없다. 비이슬람교도와의 결혼도 불가능하다. 직업을 구할 때도 남성의 허락을 받아야 한다. 멋을 내기 위한 목적으로 옷을 입을 수도 없다. 외출할 때는 남성 보호자가 동행해야 한다. 가족 이외의 남성과는 대화조차 할 수 없다. 운전 금지 조치가 해제된 것, 여학생이 체육 수업을 받게 된 것, 여성이 참정권을 얻은 것도 최근의 일이다. 이 밖에도 수많은 규제와 차별이 있다. 이처럼 여성의 지위가 낮으면 여성은 자녀를 낳아 자녀를 자신의 울타리로 만든다. 자녀들이 어머니 편을 들어주고, 다른 사람들이 자녀들을 고려하여 그들의 어머니를 함부로 대하지 않기 때문이다. 그래서 여성들은 아이를 필요로 하고 그 결과로 출산율이 2.53으로 상당히 높은 것이다.

이상 살펴본 바와 같이, 양성평등이 안 되어 아이를 못 낳는다는 주장은 지독한 거짓말이다. **인간은 환경이 갖춰진다고 아이를 낳는 것이 아니라 아이를 낳을 필요가 있어야 아이를 낳는다. 삶의 환경이 나쁠수록 그 환경을 극복하기 위하여 더 많은 아이를 낳는다. 여성은 차별이 심할수록 차별을 벗어나기 위하여 더 많은 아이를 낳는다. 인간은 필요해야 아이를 낳는다.**

시험이 없는 나라의 비극

미국의 인종별 출산율을 보면 멕시칸의 출산율이 가장 높다. 2006년 히스패닉의 출산율은 2.86으로 흑인 2.13보다 높다. 멕시코의 출산율도 높다. 2016년 2.16으로 많이 낮아졌지만 1970년까지 6명 이상으로 매우 높았다. 멕시코의 출산율이 높은 이유는 무엇일까?

멕시코는 1521년, 에르난 코르테스가 이끄는 스페인 원정대에게 아스테카 왕국이 멸망한 후 스페인의 식민지가 된다. 1821년에 독립했지만, 스페인어를 쓰며 대부분 가톨릭을 믿는다. 여전히 문화적으로는 스페인의 식민지와 다름이 없다.

멕시코는 시험이 있기는 하지만 시험 외의 다른 요소가 더 많은 영향을 준다. 고등학교 입학시험은 물론이고 대학교 입학시험도 형식적인 수준이다. 취업 시험도 없으며 공무원 시험조차 없다. 대학교에서는 입학생을 재량껏 뽑으며, 정부도 공무원을 알음알음 뽑는다. 교사는 전교조에서 뽑으며, 대부분의 좋은 직업은 세습된다. 그 결과 중상류층은 좋은 대학에 갈 수 있고, 좋은 자리에 취직할 수 있다. 무상 교육과 평등 교육을 한다고는 하지만, 스페인 후손 또는 중상류층에게는 미래가 보장되고, 가난한 인디언의 후손에게 는 교육의 기회조차 주어지지 않는다. 우리나라의 사람들은 시험 없는 세상을 꿈꾸지만, 멕시코에서의 시험 없는 세상은 서민에게는 지옥과 다름없다. 어떠한 기회도 없으며, 희망도 없기 때문이다. 이러한 신분 사회에서는 가족의 가치가 매우 높다. 태어난 신분에 따라 인생이 결정되고 친인척이 이끌어 주니 어찌 가족이 중요하지 않겠는가?

멕시코보다 더 심한 나라가 있다. 바로 인도이다. 기원전 1300년 경 중앙아시아에 살던 아리아인이 인도를 점령한 후 제사를 관장하는 성직자(브라만), 정치를 관장하는 왕족, 귀족, 무인(크샤트리아), 상업과 농업에 종사하는 평민(바이샤), 아리아인에게 정복당한 원주민인 드라비다인(수드라)으로 나누고, 카스트마다 다른 성씨를 쓰게하고, 계층 간의 결혼을 금지하였다. 다른 카스트와 함께 식사하는 것도 금지하였으며, 조상의 직업도 의무적으로 승계하도록 하였다. 아리아인이 원주민인 드라비다인을 노예로 부려 먹기 위하여 만들어 놓은 제도가 현재까지 3,300년 동안 유지되고 있다. 이러한 카스트제도에서는 멕시코보다 차별이 더욱 심하다. 시험 볼 기회는 물론이고, 결혼과 직업 선택의 자유조차 없으며, 어겼을 때는 구타를 당하거나 목숨을 잃기도 했으니 말이다. 태어난 신분에 따라 운명이 결정되는 비극적인 신분제도가 유지되는 인도에서는 가족의 가치가 매우 높을 수밖에 없다. 그 결과 출산율은 높으며, 덕분에 2023년에는 전 세계에서 가장 많은 인구를 갖게 되었다.

먼 나라가 아닌 조선에서도 지독한 신분제도가 있었다. 유학을 공부하고 고위 관직으로 나갈 수 있는 특권을 가졌던 양반, 의학 등의 전문 직종 또는 하급 관직을 맡았던 중인, 조세와 군역을 부담하며 농공상에 종사했던 상민, 노비 등의 천민으로 나뉘었다. 시대에 따라 다르지만, 대략 양반 10%, 중인 10%, 상민 50%, 노비 30% 정도였다. 양반으로 태어나면 인생이 보장되고 노비로 태어나면 평생 노예로 살아야 했다. 이렇게 출생 신분에 의하여 심각한 차별을 받는 사회에서는 가족과 자녀의 가치가 매우 높다. 그래서, 기필코 아이를 많이 낳으려고 하였다. 특히, 관직으로 나갈 수 있고 상속을 받을 수 있는 아들을 기필코 낳으려고 하였다.

현재 북한도 신분제도를 유지하고 있다. 특별 군중, 핵심 군중, 기본군중, 복잡 군중, 적대계급의 5계층으로 나누고, 계층에 따라서 엄격한 차별을 한다. 특별군중은 우리나라의 국회의원만큼이나 호사스런 대접을 받으며 일류대학에도 어렵지 않게 입학할 수 있다. 졸업 후에는 권력 있는 자리에서 일할 수 있다. 반면에 적대 계층은 아무리 공부를 열심히 해도 시험 볼 기회조차 주어지지 않으며 당원이 될 수도 없다. 평생 온갖 차별을 받으며 농장에서 노동하거나 탄광에서 석탄을 캐야 한다. 이러한 신분 간 차별에 따라 사회주의에도 불구하고 우리나라보다 출산율이 두 배나 높은 것이다.

모두가 차별이 없는 사회에서 살기를 희망하지만, 차별이 없는 살기 좋은 사회가 될수록 출산율은 하락한다. 차별 없는 사회를 유지하면서 출산율을 높일 방법은 없을까? 우리가 그런 사회를 만들지 않는다면 다시 온갖 차별을 강요받는 비극적인 사회를 다시 맞이하게 될지도 모른다.

PS 1
요즘에는 일부 전문가들이 '교육을 비롯한 모든 분야에서의 과도한 경쟁'을 저출산의 원인으로 지목한다. 경제적 이유를 주장하다가 돈을 많이 퍼줘도 출산율이 하락하자 이제는 과도한 경쟁을 이유로 삼는 듯하다. 실제, 경쟁의 심화는 출산율과 아무런 관련이 없다. 경쟁이 심화한다고 하더라도 부모에게 이익이 되면 출산율은 올라가고, 경쟁이 완화된다고 하더라도 부모에게 이익이 되지 않으면 출산율은 하락한다.

PS 2
요즘 차별금지법으로 찬반 여론이 시끄럽다. 인종차별, 종교 차별, 이념 차별, 성별 차별, 동성애자 차별, 이런 것 모두 없는 세상이 살기 좋은 세상일 것이다. 동성애자도 인간이고 소수 인종, 소수 종교인도 모두 인간이기 때문이다. 그런데, 이런 차별금지법은 가족의 가치를 더욱 떨어뜨린다. 저출산을 더욱 조장하게 된다.

교육비가 비싸서 아이를 못 낳는가?

두 개의 사과가 있다. 하나는 500원, 다른 하나는 1,000원이다. 500원짜리 사과는 한쪽이 썩어 있다. 1,000원짜리 사과는 크고 색깔도 곱고 싱싱하다. 이 경우 사람들은 더 비쌈에도 불구하고 1,000원짜리 사과를 산다.

두 채의 집이 있다. 하나는 1억 원, 다른 하나는 20억 원이다. 1억짜리 집은 교통이 나쁘고 주변 환경도 나쁘다. 집도 허름하다. 반면에 20억짜리 집은 강남에 있는 새 아파트이다. 이 경우 사람들은 대출받아서라도 강남의 20억짜리 아파트를 구입한다.

이처럼 어떤 상품을 구매하는 데 있어서 가격보다는 가격 대비 가치가 중요하다. 가격보다 가치가 높으면 구입하고 가치가 낮으면 구입하지 않는다.

투자도 마찬가지이다. 어떤 투자 상품이 1년에 10% 이상의 수익을 준다면 사람들은 은행에서 대출받아서라도 그 상품에 투자할 것이다. 대출 이자보다 높은 이익이 기대되기 때문이다. 이익이 기대되면 아무리 비싸거나 많은 돈이 소요되어도 빚을 얻어서라도 투자한다. 가게의 임대료도 마찬가지이다. 유동 인구가 많은 곳에 있는 가게는 월세가 높지만, 장사가 잘되기 때문에 높은 월세에도 불구하고 세를 얻어 장사한다.

많은 사람이 우리나라의 교육비가 비싸서 아이를 못 낳는다고 한다. 우리나라의 자녀 교육비는, 학원에 보내지 않고 대학교는 장학금을 받는 경우 약 3,000만 원, 학원에 많이 보내는 경우 5억 원 정도, 미국으로 유학까지 보낸다면 10억 원 이상 소요될 것이다. 이러한 많은 교육비 때문에 아이를 못 낳는다는 것이다.

그런데, 위에서 살펴본 바와 같이 인간은 많은 돈이 소요된다고 하더라도 이익이 기대되면 기꺼이 투자한다. 문제는 많은 교육비가 소요되는 것이 아니라 투자 대비 수익이 적은 것이 문제의 핵심이다. 자녀를 낳아 키워도 부모에게 돌아오는 이익이 거의 없으므로 3,000만 원도 비싸고 5억도 비싸고 10억도 비싼 것이다. 자녀로부터의 이익이 교육비보다 많으면 강남의 집값 20억을 기꺼이 감당하려 하듯이 많은 교육비를 기꺼이 감당하려 할 것이다.

비싼 교육비 때문에 아이를 못 낳는 것이라면 소득이 낮은 사람일수록 출산율은 낮고 소득이 높은 사람일수록 출산율은 높아야 한다. 가난한 나라는 출산율은 낮고 부자 나라는 출산율이 높아야 한다. 하지만, 실제는 소득이 높을수록 출산율이 낮으며, 부자나라일수록 출산율이 낮다. 사회주의 국가는 교육비가 무료이지만 출산율은 매우 낮다. 서유럽 국가 대부분이 무상교육을 하지만, 출산율은 매우 낮다. 카타르의 경우 무상교육을 하지만 출산율은 주변국보다 낮다. 이처럼 교육비가 거의 안 들어도 출산율이 낮다. 교육비가 비싸서 아이를 못 낳는다는 주장은 거짓이다.

결혼이 필수가 아닌 선택이며, 피임과 낙태가 자유롭고, 남편이나 시부모가 출산을 강요할 수 없는 현대사회에서는 여성이 출산에 대하여 절대적인 권한을 갖는다. 이 경우 여성은 다른 사람의 강요나 억압 없이 자신의 이익에 따라 출산을 결정하기 때문에 아이는 상품과 같은 특성을 갖는다. 따라서, 투자 대비 이익이 있어야만 아이를 낳게 된다. 즉, 교육비가 얼마나 많이 소요되는가가 아니라 교육비 대비 이익이 얼마인가에 의하여 출산을 결정하게 된다. 교육비 투자보다 많은 이익이 예상되는 경우 출산을 결정하게 되는 것이다.

현재 우리나라의 **저출산 문제는 많은 교육비 때문에 발생하는 것이 아니라, 많은 교육비를 들여 자녀를 키워도 자녀로부터 얻어지는 이익이 거의 없어 발생하는 것이다.** 어렵게 농사를 지어도 부모가 수확할 수 없으므로 농사를 포기하는 것이다. 출산율을 높이기 위해서는 교육비 지원도 좋지만, 더 중요한 것은 자녀를 낳아 키웠을 때 부모에게 이익이 가도록 해야 한다. **자녀가 부모에게 이익이 되지 않는 한 출산율 회복은 절대 없을 것이다.**

PS

자녀로부터의 이익이란 경제적 이익만을 의미하지 않는다. 정서적 이익, 물리적 안전, 명예 등 다양한 이익을 포함한다.

왜 이혼하는가?

이혼의 원인은 결혼이라고 한다. 결혼하는 이유는 무엇일까? '내 편이 생긴다. 심리적으로 안정감이 생긴다. 경제적으로 이익이 된다. 외롭지 않다.' 등 여러 가지 이유가 있다. 즉, 결혼하면 무언가 이익이 되는 것이 생길 것 같아 결혼한다는 것이다. 결혼을 통하여 충족되지 않은 욕구를 충족할 수 있기 때문이다. 그래서, 아주 행복한 삶을 살고 있는 싱글의 경우 결혼하지 않는 경우가 많다. 가정이 화목하고 좋은 직업을 갖고 있는 경우 이미 충분히 행복한 삶을 살고 있으므로 결혼으로 얻는 것이 별로 없기 때문이다. 따라서 결혼의 필요성이 절실하지 않다. 반면에 가정이 화목하지 않고 경제적으로 어려운 싱글의 경우 좋은 배우자를 만나 결혼을 하면 화목한 가정과 경제적 이익을 얻을 수 있으므로 결혼에 대한 갈망이 더 크다. 우리나라의 혼인율이 계속 하락한 것은 경제적환경과 안전 등의 싱글로 사는 환경이 계속 좋아졌기 때문이다.

이혼하는 이유는 무엇일까? '성격 차이, 경제적 문제, 가족 간 불화, 배우자 부정, 학대, 폭력, 건강 문제' 등 다양한 이유가 있다. 즉, 행복한 삶을 좀먹는 무언가 나쁜 것 때문에 이혼한다는 것이다.

이혼하는 진짜 이유는 무엇인가? 그것은 이혼 후의 돌싱의 삶이 현재의 결혼 상태보다 더 행복할 것으로 기대되기 때문이다. 위에 열거한 문제가 이혼의 이유가 되기는 하지만 결정적 조건은 아니다. 진짜 이혼하는 이유는 이혼 후의 돌싱의 삶이 더 행복할 것으로 기대되기 때문이다. 그래서 돌싱이 되었을 때 윤택한 삶을 살 수 있는 경제력이 있는 사람, 든든한 친정 또는 본가가 있는 경우 더 쉽게 이혼하는 것이다. 우리나라의 이혼율은 꾸준히 증가했다. 이것은 싱글로 사는 삶의 환경이 계속 좋아졌기 때문이다.

아이를 안 낳는 이유는 무엇인가? 신문 방송에서는 '경제적 부담, 일·가정 양립의 어려움, 육아의 어려움, 경제적 여유 없음' 등 다양한 이유를 들지만, 이것은 사실과 다르다. 모든 여건이 수십 년 전에 비교하여 비교할 수 없을 만큼 좋아졌다. 그럼에도 출산율은 계속 하락하였다. 실제 아이를 안 낳는 이유는 위와 같은 것이 아니라, 아이를 낳아 키워도 이익이 적기 때문이다. 아이를 낳아 키웠을 때 큰 이익이 있다면 어떠한 어려움에도 불구하고 아이를 낳아 키울 것이다. 따라서, 출산율을 높이기 위해서는 위와 같은 문제점을 해결하기보다는 아이를 낳아 키운 부모에게 이익이 가도록 하여야 한다. 아이에 대한 필요성을 절실하게 느끼도록 하여야 한다. **자녀에 대한 필요성이 높아지지 않는 한 출산율 상승은 절대 없다.**

이혼

　1970년대만 해도 결혼은 온 마을의 경사였다. 돼지를 잡고 온갖 맛있는 음식을 준비하여 결혼식 잔치를 벌였다. 결혼식 2~3일 전부터 마을의 분위기가 고조되기 시작하여 결혼식 당일 잔치는 아침부터 저녁 늦게까지 하루 종일 진행되었다. 온 마을 사람들이 일을 놓고 결혼식을 같이 즐겼다. 어린아이들에게는 오랜만에 맛있는 결혼식 음식을 먹을 수 있는 날이기도 했다. 그런데 어느 순간부터 읍내 예식장에서 30분 만에 결혼식을 해치우고 간단하게 국수 먹고 끝내더니 요즘에는 결혼식 자체가 뜸해졌다.

　1970년대까지 이혼이라는 말은 들어보지도 못했다. 1980년대 들어 가끔 누가 이혼했다는 얘기가 들렸다. 그 당시에는 이혼은 아주 안 좋은 이미지를 갖고 있어서 이혼하는 사람은 무언가 문제 있는 사람으로 생각되었다. 이혼 당사자도 얘기하지 않을 뿐만 아니라, 다른 사람도 그냥 모르는 체했다. 그러다 1990년대 중반부터 이혼이 빠르게 증가하기 시작했다. 재혼할 때 청첩장을 돌리는 경우도 나타났다. 사람이 참 뻔뻔하다는 생각도 들고, 시대가 바뀌었다는 생각도 들었다. 이제는 누가 결혼을 하건 이혼하건 일상생활에서 얼마든지 있을 수 있는 일로 대수롭지 않게 여기는 시대가 되었다.

이와 같은 변화는 통계에도 잘 나타나 있다.

우리나라의 조혼인율은 1991년 9.4로 최고를 기록한 이후 계속 하락하여 2003년 6.3으로 최저를 기록하였다. 최근에는 다시 상승하여 2007년 7.0을 기록하였다. 조이혼율을 보면 1982년 0.7에서 출발하여 2003년 3.5로 최고를 기록하였다. 그 후 다소 감소하여 2007년 2.5를 보였다. 대체로 혼인은 감소하고 이혼은 증가함을 알 수 있다. 그러니 필연적으로 출산율은 낮아질 수밖에 없다.

일부 사람들은 이러한 이혼의 원인을 불황으로 먹고살기 어려워서라고 한다. 잘 모르고 하는 소리다. 일반적으로 모든 것이 풍족하고 안전한 시기에 이혼이 증가한다. 풍족한 사회에서는 경제적인 필요에 의한 혼인이 감소하고 사랑에 의한 혼인이 증가한다. 사랑은 경제적 필요보다 강력하지 않고 유효기간도 길지 않기 때문이다. 그에 비해 전쟁이나 커다란 사회적 격변의 시기에는 이혼율이 거의 제로에 가까워진다. 인간은 궁핍하고 안전이 위협받을 때는 가족 체계의 관계망으로 들어가지만, 풍족하고 안전한 상황에서는 가족이라는 울타리 너머의 행동규범들에 적응하면서 가족을 벗어나 사회적 영역으로 진출하여 개인적 자유를 최대한 누리고자 한다.

2001년 미국에서 911테러가 발생했을 때 미국 사람들이 가족을 찾았던 것이 그 증거이다.

2009년 현재 우리나라는 금융위기를 가장 먼저 극복하고 경제적 안정을 찾고 있으며, 사회제도도 여느 나라 못지않게 잘 발달하여 있다. 또한 우리나라의 발전 전망도 밝다. 이러한 것을 고려할 때 우리나라의 혼인율은 계속 하락하고, 이혼율은 높은 수준을 유지하며, 출산율은 계속 낮아질 것으로 전망된다.

미국의 이혼율 추이

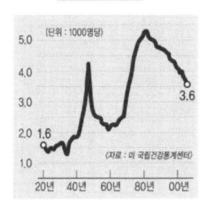

> 미국의 이혼율은 감소하고 있다. 가정이 안정되어서 이혼율이 감소하는 것이 아니라 사람들이 결혼하지 않고 동거하기 때문이다.
> 우리나라도 높은 이혼율을 유지하다가 동거가 증가하면서 이혼율이 하락할 것으로 전망된다. (출처: 서울신문, 2007년 5월 14일)

여성시대

　'여성시대'라는 방송 프로그램이 있었다. '여성시대'라는 노래도 있었다. 우리나라 정부에는 '여성가족부'라는 것이 있다. 바야흐로 여성시대가 도래했다. 역사상 처음 있는 일이다.

　인간이 생겨난 이후 여자들은 남자들에게 의지하여 살아왔다. 먹고 사는 문제와 안전 문제 때문에 남자에게 의지하여 살 수밖에 없었다. 남자들은 사냥하고 안전을 확보하고 여자들은 곡식을 채취하고 아이들을 돌보며 집단으로 살았다. 집단으로 사는 것이 식량을 구하고 안전을 지키는 데 적합했기에 그리하였을 것이다. 남자도 마찬가지이지만, 특히 여자는 힘이 약하기 때문에 집단을 떠나서는 생존 자체가 어려웠다.

　농경사회에 들어서는 힘 있는 남자들이 토지를 갖고 있었기 때문에 여성들은 남자에게 의지할 수밖에 없었고 그것이 결혼이란 형태로 나타났다. 하지만 지식정보화 사회인 현대사회에서는 여자가 남자에게 의지할 필요가 없어졌다. 경제적인 면에서 남자에게 불리한 것이 없고 안전에도 문제가 없다. 반면에 남자들은 생리적으로 여자를 더 필요로 하며 정서적으로도 여자보다 불안한 면이 있다. 이제 남자는 경제적으로 여자보다 나은 것이 없으며, 안전을 지키는데도 필요 없다. 무뚝뚝한 남자는 정서적 욕구를 만족시키는 데도 여자보다 못하다. 오히려 문제만 많이 일으킨다. 아이들도 마찬가지이다. 일례로, 필자 주위에 고등학교 중퇴자가 셋이 있는데 모두 남학생이다. 어려운 사회생활도 아닌 학교생활 부적응 대부분이 여학생이 아니라 남학생이다. 남자가 여자보다 나을 게 없는 세상이다. 그래서 사람들은 이제 딸을 선호한다. 그 결과 2015년에 처음으로 여성의 인구가 남성보다 많아졌다. 여성이 더 살기 좋은 세상이 되었다는 증거이다. 세상이 완전히 여성시대로 바뀌었다.

농경사회에서는 여자들이 남자를 더 필요로 했으나 현대사회에서는 남자들이 여자를 더 필요로 한다. 그 결과 남녀의 위치가 역전되었다. 여자들이 가정을 점령한 지는 이미 오래되었으며, 판검사, 공무원, 의사, 교수, 회사 대표, 군인 등 사회의 주요 요직을 빠르게 점령해 가고 있다. 여자의 가치가 남자보다 우위를 차지하고 있다. 그 결과로 출생성비가 크게 떨어졌다. 1990년 116.5였던 출생성비가 2008년에 자연성비인 106.5로 낮아졌다. 2022년에는 104.7명으로 더욱 낮아졌다. 15년 전만 해도 초등학교에 여학생 짝이 없는 남학생이 많아 문제가 되었었는데, 이제 그런 뉴스가 사라진 지 오래다. 여자의 가치가 상승함에 따라 여아선호는 아주 오랜 기간 지속될 것이다. 남아선호사상이라는 말은 이제 역사책에서나 볼 수 있게 되었다.

여성시대는 필연적으로 여성의 독립을 낳는다. 여성의 독립은 비혼을 의미하고 저출산으로 이어진다. 우리나라에 있는 '여성부'는 여권 신장이라는 이름으로 여성의 독립을 더욱 조장한다. 이미 여성의 권한이 실질적으로 남성보다 높은데 무슨 '여성부'란 말인가?

PS

'아이를 낳으라' 하면, 여성들에게 곧바로 튀어나오는 말이 있다.
'여자가 애 낳는 기계냐?'라며 항의한다.

애 낳으면 여자가 기계가 되는 건가?
애 낳은 여자는 기계란 말인가!
그럼,
남자는 돈 버는 기계냐?
남자는 나라 지키는 기계냐?

아이 낳는 것, 열심히 일하고 돈 버는 것, 나라 지키는 것, 이 모두 나라와 우리 자신을 위하여 우리가 해야 할 신성한 일들이다.

공무원 채용시험 전체 합격자 및 여성 합격자 비율

(단위: 명,%)

연도	행정고시	비율	외무고시	비율	사법시험	비율	7급행정·공안	비율	9급행정·공안	비율
1998	182	23.1	30	16.7	700	13.3	75	12.0	910	21.3
2000	203	25.1	30	20.0	801	18.9	560	16.6	2,709	37.4
2003	223	31.8	28	35.7	906	21.0	500	23.0	1,587	50.8
2005	216	44.0	19	52.6	1,001	32.3	575	27.7	1,968	44.9
2006	233	44.6	25	36.0	994	37.7	991	25.4	2,398	47.5
2007	251	49.0	31	67.7	1,011	35.0	641	33.1	2,522	45.5
2008	242	51.2	35	65.7	1,005	38.0	1,049	32.7	3,058	45.0

>> 행정고시, 외무고시 합격자의 반 이상이 여성이다. 이미 여성시대가 도래했다. (출처: 행정자치부, 「행정자치통계연보」각 년도, 중앙인사위원회, 행정안전부)

성별 가구주 추이

(단위: 천 가구, 천명, %)

연도	가구 수	여성 가구주	남성 가구주	여성 가구주 비율
1980	7,969	1,169	6,801	14.7
1990	11,355	1,787	9,568	15.7
1995	12,958	2,147	10,811	16.6
2000	14,312	2,653	11,659	18.5
2005	15,971	3,467	12,504	21.7
2008	16,673	3,689	12,984	22.1
2009	16,917	3,749	13,168	22.2

>> 여성가구주 가구는 지속해서 증가하여 80년의 3.2배, 90년보다는 2배 이상 증가하였다. 총가구 중 여성 가구주의 비율 또한 1980년 14.7%, 2000년 18.5%, 2009년 22.2%로 계속 증가 추세에 있다. 여성시대가 이미 도래했음을 말해 주고 있다. (출처: 통계청, 2009 여성의 삶, 2009년 7월)

출산 순위별 출생성비

(단위: 여아 100명당 남아 수)

연도	1990	1998	1999	2001	2002	2003	2006	2007	2008
총 출생 성비	116.5	110.2	109.6	109.1	110.0	108.7	107.5	106.2	106.4
첫째아	108.5	106.0	105.6	105.5	106.5	104.9	105.7	104.5	104.9
둘째아	117.1	108.1	107.5	106.4	107.3	107.0	106.0	106.0	105.6
셋째아	189.5	145.0	142.0	140.4	140.1	135.5	121.9	115.3	115.8
넷째아 이상	209.5	155.3	155.3	152.6	153.2	149.6	121.9	119.1	123.9

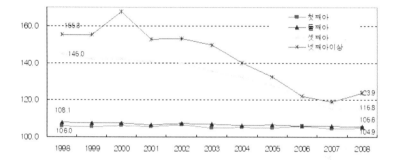

» 2008년 출생성비는 106.4로 2007년에 이어 정상성비(103~107)수준을 보이고 있다.
출산 순위별 출생성비는 첫째아 104.9, 둘째아 105.6으로 정상성비(103~107)를 나타낸
다. 하지만 셋째아 115.8, 넷째아 이상 123.9로 여전히 정상성비 수준보다 높다. 아직도
남아를 선호하는 경향이 있으나 계속 완화되고 있다. 곧 남아선호는 역사 속으로 사라질
것이다. (출처: 통계청)

제5장

저출산의 미래

2019년 11월, 지옥의 문에 들어서다.

　1983년에 출산율이 인구 대체율 2.1명 아래로 내려가자, 인구 감소 얘기가 나오기 시작했다. 처음에는 2040년대에 인구가 감소하기 시작할 것이라고 하더니, 출산율이 더욱 하락하자 2036년부터 감소할 것이라는 주장이 나왔다. 2016년에는 2029년으로 더욱 앞당겼다.

　이렇게 말로만 떠들던 인구감소가 드디어 모습을 드러냈다. 2019년 11월 출생아 수는 23,700명인데 사망자 수는 25,400명으로 사망자 수가 출생아 수를 웃돌았다. 그 후 지금까지 어느 달도 출생아 수가 사망자 수를 추월하지 못했다. 그 결과, 2020년에는 출생아 수가 27만 5,815명으로 사망자 수 30만 7,764명보다 3만 1,949명 적었다. 주민등록인구는 2019년 5,184만 9,861명에서 2020년 5,182만 9,023명으로 2만 838명 감소하였다. 2019년 11월 5,185만 1,427명으로 최고점을 찍은 후 인구가 감소하는 쪽으로 분명하게 방향을 튼 것이다.

역사상 전쟁 또는 역병 등으로 일시적으로 사망자가 출생아보다 많았던 적은 있었지만, 아무런 사건 사고가 없는 시대에 출생아 수가 사망자 수를 밑돈 것은 처음이다. 고조선 시대의 수십만의 인구에서 오랜 기간에 걸쳐 5,185만 명으로 증가하였는데, 이제 감소하는 쪽으로 방향을 튼 것이다.

이러한 인구감소는 정부 예측보다 9년이나 앞당겨진 것이다. 더욱 심각한 것은 통계청에서 2065년 출생아 수를 26만 명으로 예측했는데, 2021년에 26만 명을 기록한 것이다. 5년 전에 예측한 출생아 수가 무려 44년이나 앞당겨진 것이다.

이러한 빠른 인구감소의 시작은 예상된 것이다. 사망자 수는 계속 증가하는데, 출산율이 지속해서 하락하여, 1970년대 초 100만 명이던 출생아 수가 2017년에는 40만 명대가 무너지더니 불과 3년 만에 30만 명대가 무너진 바와 같이 출생아 수가 빠르게 감소하였기 때문이다.

눈덩이가 그러하듯 처음 몇 년간은 인구감소 폭이 작을 것이나, 베이비붐 세대가 70대 초반이 되는 2028년이 되면 사망자가 40만 명을 넘어서고, 2037년에는 50만, 2044년에는 60만, 2050년에는 70만을 넘어서게 된다. 반면에 출생아 수는 20만도 안 되어 매년 50만 명씩 인구가 감소할 것으로 전망된다.

한 번 시작된 인구감소가 언제 끝날 것인가? 인구가 몇 명 남을 때까지 지속될 것인가? 모든 변화가 그러하듯 상상하지 못할 혁명적인 변화가 있기 전까지는 인구감소가 지속될 것이다.

인구감소는 언제 어떻게 끝날 것인가?

인구가 많이 감소하여 호랑이·곰·늑대·들개 등의 산짐승 때문에 마음 놓고 다닐 수가 없으며, 혼자서는 논밭에서 농사를 지을 수 없게 되고, 도적 떼가 많아 혼자서는 다닐 수 없게 되면, 안전을 확보하기 위하여 다시 결혼하고 아이를 낳기 시작할 것이다.

교통과 의료보험, 교육, 치안 등의 사회 인프라가 붕괴하여 교육을 제대로 받을 수 없고 질병이 있어도 제대로 치료받을 수 없게 되면 가족의 도움이 필요하게 되어 아이를 낳을 것이다.

기업이 폐업하여 일자리가 사라지고 먹고살기 어려워지면 가족의 도움이 필요하므로 다시 아이를 낳을 것이다.

소수의 사람이 권력을 독점하여 지독한 차별과 억압을 받게 되면 결혼하고 아이를 낳게 될 것이다.

아마도 그 전에 전쟁으로 이웃 나라에 정복당하여 노예로 살거나 속국으로 살아야 할지도 모른다. 전쟁으로 모든 것을 잃고 노예가 되면 다시 아이를 많이 낳게 될 것이다. 현재는 과거에 비하여 전쟁이 없는 시대이지만, 인구가 줄고 국력이 쇠하면 반드시 전쟁을 맞이하게 된다. 인간은 남의 것을 빼앗으려는 본성이 있으므로, 허약하여 자기 자신을 지킬 수 없을 정도가 되면 이웃 나라는 군침을 흘리게 되기 때문이다. 조선말이 그러하지 않았던가.

인구감소의 끝은 비참하다. 이러한 비극을 막기 위해서는 국민은 미래를 직시해야 할 것이며, 정부는 혁신적이고 실효성 있는 정책으로 출산율을 올려야 할 것이다. **우리나라는 이미 지옥문으로 들어섰다.** 지혜롭게 탈출하는 방법을 모색하고 하루빨리 실행해야 할 것이다.

우리나라 출생·사망자 수 추이

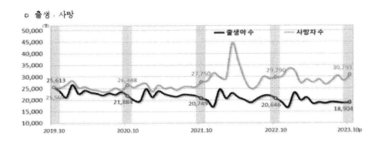

≫ 2019.10월을 끝으로 인구 증가는 끝나고, 11월부터는 출생아 수가 사망자 수보다 적어 인구 감소가 시작되었다.

인구가 감소하면 살기 좋아질까?

네팔 사람들은 여러 가지 일을 한다. 요리도 하고 염소도 키우고 농사도 짓는다. 자녀도 가르치고 등산객 짐도 나르고 집도 짓는다. 도둑으로부터 집을 지키기도 한다. 다양하고 많은 일을 하는데 1인당 GDP는 $700에 지나지 않는다. 조선시대 사람들도 많은 다양한 일을 하였다. 농사짓고 소도 키우고 집도 직접 지었다. 수시로 집수리도 하고 바느질하여 옷도 만들어 입고 짚신도 만들어 신었다. 매일 물을 길어 왔으며 자신의 집을 도둑으로부터 지키는 일도 하였다. 시장에 가서 정보 수집도 하고 마을 길 정비, 우물 정비, 가축 도축 등도 하였다. 다른 사람에게 위탁하는 일은 거의 없고 필요한 일 대부분을 직접 했다. 이처럼 많은 다양한 일을 하였으나, 수많은 사람이 굶어 죽을 정도로 가난했다.

반면에 현재의 우리나라 사람들은 한 가지 일만 한다. 간호사는 간호하는 일, 의사는 병 치료하는 일, 연구원은 자신의 분야에 관하여 탐구하는 일, 운전사는 운전하는 일, 군인은 나라 지키는 일만 한다. 그것도 특화된 자신의 전문 분야의 일만 한다. 집을 짓지 않으며 소를 키우지도 않는다. 옷을 직접 만들어 입지 않으며 요리조차 하지 않고 외식하거나 간편식을 사 먹는다. 이처럼 한 가지 일밖에 하지 않는데 네팔 사람보다 소득이 40배 이상 높다. 전 세계 누구든지 하나의 일만 하는 사람은 대부분 소득이 높으며, 많은 다양한 일을 하는 사람은 대부분 가난하다.

기업도, 직원 혼자서 여러 업무를 하는 회사는 성과가 저조하고 월급이 적으나, 업무가 세분화하여 하나의 업무만 하는 회사일수록 성과가 우수하고 월급이 많다.

한 사람이 여러 가지 일을 하는 것보다 비교우위에 있는 물건의 생산 또는 서비스에 특화하면 사회의 총생산량은 증가한다. 이렇게 증가한 총생산량은 모든 사람을 더 잘 살게 할 수 있다. 비교우위의 분야에 특화하고 거래하면 모든 사람이 이득을 보게 된다. 거래는 사람들을 각자 비교우위를 지닌 활동에 특화할 수 있게 해주기 때문에 사회의 모든 구성원이 이득을 보게 된다. 이와 같은 원리에 의하여 분업화되고 거래가 활발할수록 잘살게 된다.

그런데, 인구가 감소하면 우리를 잘살게 해 주는 분업화와 거래가 감소한다. 수요와 공급도 모두 감소한다. 공급이 감소하여 가격은 상승하여 소비자는 더 비싼 값을 지불해야 한다. 상품과 서비스의 질도 하락한다. 극단적으로 인구가 감소하여 지구상에 한 명만 남게 된다면 그는 모든 것을 혼자 해야 한다. 집도 짓고, 농사도 짓고, 맹수와 싸우기도 하고, 전염병도 혼자 퇴치해야 한다. 사냥도 해야 하고 요리도 해야 한다. 그 결과 모든 것의 질이 떨어지고 결국에는 가난해지고 고난의 길을 걷게 된다. 인구가 감소한다는 것은 고난의 방향으로 가는 것이다.

신도림역에서 지하철을 타는 사람과 9호선 지하철을 타는 사람은 서울에 사람이 많고 복잡해서 인구가 감소하면 좋겠다고 생각할 것이다. 그런 사람들은 산골 또는 농촌에서 몇 달만 살아보기를 바란다. 좋은 점도 있지만 교통이 불편하여 외출이 어렵고 병원을 이용하기도 어렵다. 가게가 별로 없을 뿐만 아니라 상품도 얼마 없다. 식당도 가까이 없어 식당을 이용할 수도 없다. 대화를 나눌 사람도 없다.

땅은 넓은데 인구가 적은 캐나다도 식료품과 휘발유, 공산품 등의 상품은 우리나라보다 조금 비싼 정도지만, 외식비, 자동차보험, 집세, 보육료, 비보험 진료, 택시 등의 교통 서비스 가격은 우리나라 몇 배 이상 비싸고 서비스의 질도 낮다. 가전제품 A/S를 신청하면 1주일 이상 기다리는 것은 기본이고, 병원 진료를 받으려면 수개월을 기다려야 한다. 관공서의 일 처리도 정말 느리다. 상품은 수입할 수 있으므로 국제 시세와 비슷하지만, 인구가 적으면 서비스 가격은 올라가고 질은 하락한다. 세금도 많아진다. 인구가 감소하면 비용은 증가하는데 서비스의 질은 하락하여 살기 어려운 세상이 되는 것이다.

현재 우리가 이용하고 누리는 교통, 병원, 안전, 교육, 음식, 식량, 음악, 드라마, 경제적 풍요, 일자리, 여행, 지식, 뉴스 등의 모든 것은 다른 사람이 제공해 주는 것이며, 인구가 감소한다는 것은 이 모든 것이 사라져간다는 것을 의미한다.

죽어가는 지자체

2019년 11월부터 감소하기 시작한 우리나라 인구는 2020년 1년 동안 무려 3.2만 명이나 감소하였다. 2021년에는 10만 명, 2023년에는 매달 1만 명 이상씩 감소하고 있다. 이제 본격적으로 인구감소 시대가 시작된 것이다. 그런데, 지방은 더욱 심각한 인구감소의 위험에 노출되어 있다. 노령인구가 많아 사망자가 많고, 젊은 사람들이 떠나기 때문이다. 이런 상황에서 지자체는 어떻게 생존할 수 있을까?

인구를 유지 또는 증가시키는 방법은, 전입자는 많게 하고 전출자는 줄이는 것과 출산율을 올리는 것뿐이다.

우선 전 세계 사람들이 어떻게 이동하는지 살펴보자.

아프리카, 중동, 중앙아시아, 인도 등의 남아시아 사람들은 일자리와 살기 좋은 곳을 찾아서 유럽으로 이동한다. 아프리카와 남아시아 사람들은 일자리를 찾아 아라비아반도로 이동하기도 한다. 중남미 사람들은 일자리와 살기 좋은 곳을 찾아 미국으로 이동한다. 우리나라를 비롯한 동북아시아 사람들도 일자리와 교육 등의 이유로 미국으로 간다. 그리고 전 세계 사람들은 일자리, 살기 좋은 곳, 교육, 자유로운 곳을 찾아 미국으로 간다.

이처럼 사람들은 좋은 일자리와 좋은 교육을 받기 위하여, 살기 좋은 곳을 찾아서 이동한다. 한국전쟁 후에 많은 사람이 미국으로 떠난 것처럼 전쟁을 피하여 이동하기도 한다. 범죄를 피하여, 종교 박해를 피하여 이동하기도 한다. 해방 후에 사회주의자들이 북한으로 이동하였듯이 정치이념을 추구하기 위하여 이동하기도 한다. 안전하고 먹고살기 편한 요즘에는 재미있는 곳을 찾아서 이동하는 사람도 많아졌다. 따라서, 전입자를 늘리기 위해서는, 좋은 일자리가 많고 살기 좋으며 훌륭한 교육을 받을 수 있도록 해야 한다. 또한 자유롭고 재미있는 지자체로 만들어야 한다.

일자리를 늘리기 위해서는 무엇보다도 기업을 적극 유치해야 한다. 유치뿐만 아니라 기업이 성장하고 계속 유지될 수 있도록 힘써야 한다. 관공서도 적극 유치해야 한다.

살기 좋은 곳은 교통이 좋고, 쇼핑하기 좋으며, 병원도 가까우며, 여가 생활을 즐길 수 있는 곳이다. 따라서, 대형마트와 병원 등이 폐업하지 않도록 특히 신경 써야 하며, 시장과 식당, 가게 등도 사라지지 않도록 해야 한다. 지자체 전 지역을 살기 좋은 곳으로 만들기 어렵다면 특정 지역만이라도 교통, 교육, 쇼핑, 의료, 관광, 여가 활동, 경치 등에서 최고가 되도록 만들어야 한다.

좋은 교육 환경을 만들기 위해서는 폐교를 방지해야 한다. 특히, 대학의 폐교를 막아야 한다. 대학이 폐교하면 젊은이들이 떠날 뿐만 아니라 주변 상권이 사라지게 된다. 활력이 사라지고 재미없는 도시가 되어 지자체의 쇠락을 촉진하게 된다. 2021년도 대학 입학정원은 55만 명인데, 대학 진학 희망자 수는 53만 명으로 2만 명 부족하다. 2023년에는 대학 입학정원은 51만 884명인데, 고3 졸업생은 39만 8,271명에 불과하다. 무려 11만 명이 부족하다. 앞으로 학생 수는 빠르게 감소하여 20년 후에는 20만 명 이하로 줄어들게 된다. 20년 이내에 대학의 절반 이상이 사라질 운명에 처해 있는 것이다. 대학과 지자체는 대학을 살리기 위한 특별한 대책을 취해야 한다.

현재 대부분의 지자체는 자체 영역에만 집중했는데, 인구감소 시대에는 인접 지자체와 협력할 필요가 있다. 서로 밀어주고 당겨오면서 일자리, 교통, 교육 등의 경쟁력을 높일 필요가 있다. 때에 따라서는 지자체 통합도 고려해 볼 필요가 있다. 사람들이 대도시로 몰리는 상황에서 작은 지자체로는 사람들을 유인하기 어렵기 때문이다. 자그마한 지자체보다는 인접 지자체와 통합하여 경쟁력을 높여야 생존할 수 있다.

청년 유입을 위해서는 이주 시의 혜택보다는 일자리, 재미 등의 거주 시의 만족도를 높이는 데 힘써야 한다.

앞으로 증가하는 인구는 외국인뿐이다. 따라서, 지자체는 외국인을 적극 유치할 수밖에 없을 것이다. 외국인을 유치하기 위해서는 적합한 일자리를 제공하고, 외국인들이 살기 적합한 특구를 조성해야 할 것이다. 거리나 마을도 러시아 마을, 베트남 마을, 멕시코 마을처럼 외국의 이름으로 바꾸는 등 다양한 유인책을 펼 필요가 있다. 외국과의 교류에도 힘써 외국인이 들어올 수 있는 통로를 넓혀 주어야 할 것이다.

그런데, 유럽의 사례에서 보듯이, 많은 외국인이 유입되면 심각한 갈등과 혼란이 발생할 가능성이 높다. 사회가 분열되고 갈등으로 경제가 더욱 어려워질 수 있다. 도둑, 강도, 폭행이 빈번하게 발생하는 등 안전이 심각하게 훼손될 수 있다. 사회가 이렇게 되면 국력이 약화하여 북한과 중국을 이웃에 두고 있는 우리나라로서는 큰 재앙이 될 수 있다. 따라서 외국인을 받을 때는 우리나라에 동화되기 어려운 사람은 철저히 배제해야 할 것이다. 특히 이슬람인들은 인구가 늘어나면 정치 집단화하여 세력을 키워 나가고 혼란을 일으킬 가능성이 크다. 그들은 이슬람사원을 중심으로 자신들 만의 영역을 구축하여 우리나라에 동화되지 않고 자기네 나라에서처럼 행동할 것이다. 이와 같은 갈등이 발생하지 않도록 하고 미리 조치할 필요가 있다. 우리나라에 동화될 수 없는 외국인은 초기부터 철저히 차단하여 갈등과 혼란을 방지해야 한다. 이슬람인뿐만 아니라 분란을 일으킬 수 있는 모든 종교, 이념, 문화, 종족은 배제해야 할 것이다. 또한 일단 들어온 외국인은 우리 문화에 동화되도록 하고 정치 집단화하지 못하도록 해야 할 것이다.

현재 지자체의 위기는 국가적인 저출산 현상과 인구 유출로 발생하였다. 지자체만으로는 해결하기 어려운 부분이 많다. 따라서 국가에 다양한 정책을 제시하고 해결을 요구할 필요가 있다.

저출산 시대의 부동산

저출산 현상이 계속되어 인구가 감소하면 주택 가격은 어떻게 될까? 인구가 증가한 지난 수십 년간 전국의 주택 가격은 끊임없이 올랐다. 특히 서울의 인기 지역은 수백 배 이상 상승하였다. 이제, 인구가 감소하니 주택 수요가 감소하여 가격이 하락하지 않을까? 주택 가격에 영향을 주는 요인을 살펴보자.

인구

앞으로 우리나라 전체 인구는 감소하겠지만 인기 지역에는 인구가 지속해서 유입되어 인구가 증가할 것이다. 서울 강남, 한강 주변, 교통 요지, 첨단산업도시 등에는 인구가 꾸준히 유입되어 우리나라 전체 인구의 감소에도 불구하고 주택 가격은 상승할 것으로 전망된다.

서울과 수도권의 인구는 증가하는 반면에 농촌과 지방 도시의 인구는 감소하여 가격 하락 압력을 받게 된다. 임금이 빠르게 상승하여 산업경쟁력을 잃어가고 있다. 많은 공장이 해외로 이전하거나 규모를 축소 또는 폐업하고 있다. 그 결과 산업도시의 인구는 농촌보다도 빠르게 감소하고 있다. 특히 주택 구매력이 있는 20~50대 인구가 감소하고 있다. 산업도시의 주택 가격은 가장 큰 하락 압력을 받게 될 것으로 전망된다.

소득

앞으로 장기간 경제 침체 또는 저성장이 예상되기 때문에 우리나라 전체 가구 소득이 빠르게 증가할 가능성은 작다. 하지만 서울 강남과 판교, 평택 등 첨단산업도시의 가계소득은 꾸준히 상승하기 때문에 이들 지역의 주택 가격은 꾸준히 상승할 것으로 전망된다.

반면에 조선, 기계, 전자, 섬유 등의 전통 산업도시는 많은 공장이 폐업하거나 해외로 떠나 가계소득이 정체 또는 상승 속도가 느릴 것이다. 전통 산업도시의 주택 가격은 가장 큰 하락 압력을 받게 될 것으로 전망된다.

인플레이션

임금이 지나치게 올라 수출 경쟁력이 약화하고 있다. 수출이 수년째 부진하여 환율이 크게 상승하였다. 이렇게 환율이 오르면 물가가 오르게 된다. 정부가 포퓰리즘 정책을 시행하고 재정 지출을 늘리면 물가는 더욱 오르게 된다. 우리나라는 최저임금 인상, 건강보험 적용 확대, 노령연금 확대, 근로 시간 제한 등 이미 광범위하게 포퓰리즘 정책을 시행하고 있다. 최근에는 귀농 지원금, 기초생활

지원금, 청년 기본소득, 아동수당 등의 이름으로 직접 돈을 나눠주는 경우도 증가하고 있다. 그 결과 물가가 올라 주택 가격은 지속해서 상승하게 된다.

주택 건축비

임금이 오르고 건축자재 가격이 상승하면 건축비가 증가하여 분양가는 상승하게 된다. 신규 주택 분양가가 오르면 주변 부동산 가격도 상승하게 된다.

세금

세금이 인상되면 주택 수요가 감소하여 가격은 하락하게 된다. 최근 부동산 관련 세금이 크게 인상되어 주택 수요가 감소하고 주택 가격은 상승을 멈추었다. 하지만, 지나치게 많은 세금은 큰 부작용을 불러온다. 주택은 시간이 지남에 따라 노후화되므로 계속 신규 주택을 공급하여야 하나, 지나치게 높은 세금은 신규 공급을 감소하게 만든다. 그러면 주택 관련 산업이 침체하고 사람들의 주거 환경이 나빠진다. 작은 집과 오래된 집, 살고 싶지 않은 집에서 살 수밖에 없게 되는 것이다. 세금이 많아지면 국민이 불행해지는 것이다.

다주택 중과

다주택자에 대하여 중과하면 여러 채의 주택을 소유하고 있는 사람은 상승 가능성이 높은 주택만 남기고 나머지는 매도하게 된다.

지방의 사람들도 지방에 있는 부동산을 모두 매각하고 서울 강남에 비싼 주택을 구입하려 할 것이다. 그 결과, 서울의 고가주택은 더욱 비싸지고 지방의 주택은 더욱 하락하게 된다. 서울 강남 사람들은 더욱 부자로, 지방 사람들은 더욱 가난한 사람으로 만든다.

이 밖에도 금리, 산업, 교육제도, 정치제도, 안보, 전쟁, 1인 가구 등 인간에게 영향을 주는 모든 요소가 주택 가격에 영향을 준다. 하지만 가장 중요한 요소는 인구와 소득과 인플레이션과 세금이다. 최저임금이 인상되고 수출 경쟁력이 약화하여 인플레이션이 발생할 가능성이 크기 때문에 주택 가격은 상당히 오랫동안 상승할 가능성이 크다. 하지만 모든 지역의 가격이 상승하는 것이 아니다. 인구가 증가하는 지역과 소득이 증가하는 지역의 부동산 가격은 오르고, 인구가 감소하고 소득이 감소하는 지역의 부동산 가격은 하락하게 된다.

사람들은 농촌 → 지방 도시 → 수도권 → 서울 → 강남으로 이주한다. 서울, 특히 강남 지역은 가계소득도 꾸준히 증가할 것으로 전망되어 강남의 주택 가격은 꾸준히 상승하게 될 것이다. 반면에 농촌과 지방 도시, 산업도시는 인구와 소득이 함께 감소하여 지속해서 하락 압력을 받게 된다. 특히 공장이 사라지는 산업도시는 가장 큰 하락 압력을 받게 될 것이다.

앞으로 오랜 기간에 걸쳐 물가가 상승할 가능성이 높으므로 부동산 가격은 꾸준히 상승할 가능성이 크다. 하지만 농촌, 지방 도시, 산업도시는 정체하거나 하락할 가능성이 있다. 팔고 싶어도 팔 수조차 어려울 수 있다. 반면에 서울 강남과 한강 변, 인기 지역의 부동산 가격은 앞으로도 지속해서 상승할 가능성이 크다. 이런 배경에서 '똑똑한 한 채'라는 말이 나온 듯하다.

통일 후 출산율

통일되면 국토 면적이 넓어지고 남북한의 인구가 합쳐져 7,500만이 되어 세계 21번째 인구 대국이 된다. 국력은 커지고 내수시장은 넓어진다. 그렇다면 출산율은 어떻게 변화할까?

통일 후 독일이 어떻게 되었는지 살펴보자.

독일은 1990년 10월 3일 통일 후 출산율에 급격한 변화를 보인다. 1990년 통일 전 서독의 출산율은 1.43명, 동독은 1.67명으로 동독의 출산율이 높았다. 통일되자 서독 지역의 출산율에는 변화가 없었으나 동독 지역은 출산율이 크게 하락한다. 통일 후 1년이 지난 1991년에는 1.01명, 1992년에는 0.89명, 1994년에는 0.83명으로 하락한다. 통일 전에 비하여 4년 만에 절반으로 감소한 것이다.

통일 후 동독 지역의 기업은 경쟁력이 약하여 많은 기업이 도산하였으며, 살아남은 기업은 경쟁력을 강화하기 위하여 직원을 감원하였다. 이에 따라 1990년 2.9%이던 동독의 실업률은 1991년에는

11.1%까지 상승한다. 동독 지역의 많은 기업이 도산한 것은 경쟁력이 낮은 것도 원인이지만 동독 화폐를 고평가하여 서독 화폐와 통합한 것도 큰 원인이다. 동독의 경제 상황을 고려하면 1:4 정도로 화폐를 통합해야 했지만, 동독 주민의 임금과 연금을 높게 해 주고자 1:1로 통합하였다. 그 결과 재료비와 임금, 생산 제품의 가격이 일시에 4배 상승하였다. 재료비와 임금 등의 비용은 4배나 증가하였으나 생산된 제품은 품질이 나쁘고 가격이 비싸서 팔리지 않아 기업이 도산하게 된 것이다. 많은 기업의 도산으로 실질적인 실업률은 30~40%까지 상승하였다.

이렇게 경제가 나빠지고 실업률이 높아지자, 동독 지역의 여성들은 동독 지역의 남성들과 결혼하고 아이를 낳는 대신, 서독 지역으로 이주하여 일자리를 찾거나 서독 남성들을 찾았다. 1989년 11월에 베를린 장벽이 무너진 후 동독 인구의 1/4이 서독으로 이주하였고, 1990년 10월 통일 후에는 매주 4,000명이 서독으로 이주하였는데, 특히 25세 이하의 젊은이들이 많이 이주하였다. 이미 결혼한 여성도 서독으로 이주하여 새로운 일자리를 찾든가 실직한 남편을 대신하여 경제활동을 해야 했기 때문에 출산을 보류하였다. 이처럼 동독 지역의 출산율 하락은 서독 지역에서의 기회와 동독 지역의 실업률 상승이 맞물려 발생한 것이다.

통일 후 우리나라의 출산율은 어떻게 될 것인가?

남한의 주도하에 평화적으로 자유민주주의 체제로 통일되면, 남한 지역은 현재의 낮은 출산율이 유지되거나 좀 더 하락할 가능성이 크다. 통일로 인하여 더욱 안전한 나라가 되기 때문이다.

반면에 북한 체제로 통일이 되거나 사회가 혼란에 빠지면, 남한 지역의 출산율은 빠르게 상승할 것이다. 삶의 환경이 나빠지면 가족이 필요하기 때문이다.

북한 지역의 출산율은, 자유민주주의 체제로 통일되는 경우 동독 지역보다 더 크게 하락할 가능성이 있다. 북한은 남한과 왕래가 없으며, 정보도 공유하지 않는다. 경제 격차도 더 크다. 통일 당시 동서독의 1인당 GDP 격차는 2.1배에 불과했지만 2023년 남북한의 격차는 60배에 달한다. 동서독의 무역 규모 격차는 13배였으나 남북한의 격차는 1,000배에 달한다.

동독은 사유재산이 상당히 인정되어 많은 사람이 주택을 소유하고 있었으나 북한은 사유재산이 없다. 따라서 북한 지역에 미련을 둘 이유가 적다. 북한에는 경쟁력 있는 기업도 거의 없다. 이처럼 동서독의 격차보다 남북한의 격차가 훨씬 더 크다. 이런 상황에서 통일이 되면 많은 북한 주민은 남한으로 이주할 것이다.

우리나라에서 1950~90년대 사이에 많은 젊은이가 농촌에서 도시로 이주하였듯이, 북한 지역에서도 젊은이, 그중에서도 고학력의 전문인력과 여성의 이주가 가장 많을 것이다. 이들은 가장 의욕적이고 좋은 일자리를 구할 가능성이 크기 때문이다. 이들은 남한 지역에서 일자리를 찾고 남한 남성과 결혼하려 할 것이므로 북한 지역의 출산율은 급격하게 하락하게 될 것이다. 혼인 상태에 있는 여성까지도 새로운 기회를 찾고자 출산을 피하여, 출산율은 동독의 경우보다도 더 하락할 가능성이 크다.

이처럼, 어떤 방식으로 어떤 체제로 남북한 어느 쪽의 주도하에 통일이 되느냐에 따라 출산율은 달라질 것이다.

또한, 통일 전에 대규모 인구의 이동과 그에 따른 북한 지역의 출산율 하락에 대한 대책을 마련해 둘 할 필요가 있다.

통일 전후 독일 출산율의 변화

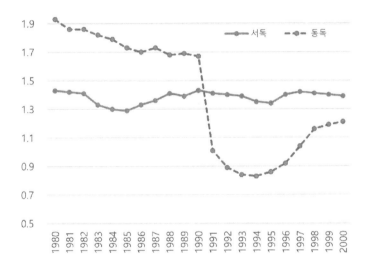

왜 전 세계 출산율은 하락하는가?

인간은 자연 상태에서 평균 15명의 아이를 낳는다. 즉, 원시시대에는 출산율이 15명이었다. 그 후 출산율은 서서히 감소하여 1800년경에는 8명으로 하락한다. 그 후에도 계속 하락하여 1950년에는 5.05명, 1970년에는 4.73명으로 하락한다. 1970년 이후에는 출산율이 빠르게 하락하여 1990년에는 3.24명, 2017년에는 2.4명을 기록한다. 현재의 추세대로 하락한다면 2030년대에는 대체출산율인 2.1명 이하로 하락할 것으로 전망된다.

원시시대 이후 물리적 안전은 지속해서 개선되고, 소득은 증가하였는데 왜 출산율은 계속 하락하였는가? 특히, 1950년 이후에는 전쟁이 많이 감소하고, 범죄도 눈에 띄게 감소하였으며, 소득은 많이 증가하였다. 의학도 눈부시게 발전하여 못 고치는 병이 없을 정도이다. 1950년대 이전에는 많은 사람에게 자유가 없었지만, 지금은 대부분 사람이 자유를 누리고 있다. 이처럼 세상은 지속해서 살기 좋게 변하였는데 왜 출산율은 하락하였는가?

출산율이 가장 먼저 하락한 지역은 유럽이다. 1800년대부터 출산율이 하락하기 시작하여 1950년에는 2.8명으로 타 대륙의 절반 정도밖에 되지 않는다. 중남미 국가의 출산율은 1960년경부터 하락하기 시작한다. 아시아는 1965년경부터 출산율이 빠르게 하락하기 시작한다. 아프리카 지역은 가장 늦어 1980년경부터 출산율이 하락하기 시작한다.

왜 출산율은 유럽에서 가장 먼저 하락하기 시작하였는가?

첫째, 18세기에 산업혁명이 일어나고 교역이 활발해져 소득이 많이 증가하였기 때문이다. 소득이 증가하면 경제적 안전이 확보되어 자녀의 필요성은 하락한다.

둘째, 과학기술과 산업이 발달하고 치안이 좋아져 범죄가 많이 감소하였기 때문이다. 범죄가 감소하면 가족의 가치가 하락하여 자녀의 필요성은 낮아진다.

셋째, 복지제도가 강화되어 혼자서도 잘 살 수 있게 되었기 때문이다. 복지제도를 강화하면 가족의 가치가 하락하여 자녀의 필요성은 낮아진다.

넷째, 인권이 강화되어 서민들도 차별받지 않고 살 수 있게 되었기 때문이다. 자녀들이 없어도 차별받지 않아 자녀의 필요성이 낮아졌기 때문이다.

다섯째, 사회주의가 유행하고 확산하였기 때문이다. 유럽에는 사회주의가 광범위하게 퍼져 자녀로부터의 이익이 감소하였다. 자녀가 있는 사람이건 없는 사람이건 차이가 없어졌다. 이것은 자녀의 필요성을 하락시킨다.

여섯째, 민주주의 제도의 시행으로 개인이 탄생하게 되었기 때문이다. 이것은 가족에 대한 의존도를 떨어뜨려 자녀의 필요성을 하락시킨다.

일곱째, 산업혁명 이후 사람들이 도시로 몰려 도시 거주 인구가 증가하였기 때문이다. 도시에서는 가족의 노동력이 덜 필요하고 많은 사람과 교류할 수 있으며 안전하여 출산율은 낮아진다.

여덟째, 교육을 받는 사람들이 증가하고 교육을 받는 기간도 증가하였기 때문이다. 교육 기간의 증가는 소득의 증가와 개인의 독립을 의미한다. 오랜 교육 기간으로 인한 만혼도 출산율을 낮아지게 한다.

일곱째, 자유민주주의 국가에서 실시하는 선거 때문이다. 국민은 돈 퍼주는 후보에게 표를 주기 때문에 후보는 포퓰리즘 정책을 남발한다. 포퓰리즘 정책은 실질적으로 복지 정책과 성격이 같아 출산율을 낮아지게 한다.

여덟 번째, 언론의 발달 때문이다. 신문 방송에서는 진실과 상관없이 무조건 서민 등의 약자 편을 든다. 서민이 대다수이기 때문이다. 그렇게 되면 정권에서는 인기를 얻기 위하여 서민을 위한 포퓰리즘 정책을 한다. 그 결과 출산율은 낮아진다.

이 밖에도 철도 등 교통수단의 발달, 평등 지향의 사회제도, 의학의 발달, 위생의 개선 등 다양한 요소가 출산율 하락에 영향을 주었다.

18세기부터 현재까지 유럽에서 나타난 이러한 변화는 모두 자녀의 필요성을 하락시키는 것들이다. 그 결과 유럽이 가장 먼저 출산율이 하락하게 되었다.

이와 같은 유럽의 문물은 세계로 퍼져 나갔는데, 가장 먼저 유럽의 문물이 전파된 곳은 미국, 캐나다, 호주, 뉴질랜드와 같은 유럽인들이 세운 국가들이다. 그 다음은 콜럼버스의 신대륙 발견 이후 유럽인들이 대규모로 이주한 중남미 국가들이다. 다음은 서양 문물을 적극 수용한 일본, 한국, 대만, 중국과 같은 아시아 국가들이다. 가장 늦은 곳은 아프리카 국가들이다. 이들은 대부분 1950년대까지 유럽의 식민지여서 해방 후 유럽의 문물을 배척하였기 때문에 유럽 문물의 도입이 가장 늦어졌다.

현재 전 세계는 유럽화되고 있다. 정치제도, 사회제도, 교육제도, 산업, 과학기술, 경제, 복지제도, 인권, 사회주의화, 도시화 등 모든 것이 유럽화되고 있다. 그 결과 출산율이 하락하고 있으며, 혁명적인 조처를 하지 않는 한 앞으로도 출산율은 계속 하락할 것이다.

개인화 시대

　우리나라에서 1990년대 묘지를 화려하게 꾸미는 것이 크게 유행
하였다. 각 종친에서는 친족들에게 돈을 모아 묘지 정리도 하고 비
석도 세우는 등 묘지를 이순신 장군 묘처럼 웅장하게 꾸몄다. 후손
들의 성공을 자랑하고자 묘지의 크기를 10평 이상으로 키우고 커
다란 비석을 세웠다. 고풍스런 장식물도 세웠다. 초기에는 대부분
친족들이 관심을 보여 돈도 잘 모이고 협조적이어서 어려움이 없었
다. 하지만 20여 년이 지난 오늘날 묘지 꾸미는 일은 고사하고 벌초
하러 오는 사람도 크게 줄어들었다. 한식 행사에 참여하는 사람도
크게 줄었다. 이제 묘지를 가꾸는 일은 역사 속으로 사라지고 있
다. 왜 이러한 현상이 벌어지는가? 그것은 바로 농경사회에서 지식
정보화 사회, 대가족에서 개인 사회로 사회가 바뀌었기 때문이다.
사촌 간에도 몇 년에 한 번 보기 힘들고, 형제간에도 왕래가 뜸한
상황에서 어떻게 종친회가 유지되고 조상을 모실 수 있겠는가? 이
제 묘지도 농경사회와 함께 수명을 다하고 있다.

앞으로 현재의 결혼제도에도 변화가 있을 전망이다. 결혼제도가 농경사회에서 안전과 식량을 확보하고 자녀를 키우기 위한 필요로 만들어졌으며 사회가 안정됨에 따라 일부일처제가 정착되었는데, 이제 세상이 바뀌어서 결혼하지 않아도, 일부일처제로 살지 않아도, 안전과 식량을 확보하는 데 어려움이 없기 때문이다. 오히려 현재의 결혼제도가 안전과 식량 이외의 사랑, 자존, 자아실현 욕구를 충족하는 데 방해가 되는 부분이 있기 때문이다. 그러면 앞으로 어떤 시대가 오는가? 바로 개인화 시대, 개인 위주의 시대가 이미 와 있다. 부부가 가정을 이루어서 살아도 좋고 혼자 살아도 아주 행복한 사회 여건이 조성되었다. 안전 문제가 해결되고, 먹고 사는 것도 어렵지 않고, 노후도 별문제가 없으므로, 사회 활동을 활발히 하면서 폭넓게 교제하고 자기가 하고 싶은 일을 신나게 하고 살면 되는 세상이 온 것이다. 이런 세상에서 가족은 있어도 되고 없어도 된다. 이렇게 혼자 살기 좋은 세상에 도시화, 세계화는 개인화를 더욱 조장한다. 부부가 한평생을 같이 살려고 해도 부부의 직장이 멀리 떨어져 있으면 같이 살 수 없다. 이러한 도시화, 세계화, 개인화 추세는 계속될 전망이다.

개인화 추세에 따라 독신 가구의 비율이 빠르게 증가하고 있다. 영국의 경우 독신가구의 비율이 50%를 넘으며, 독일 37.5%(2005년), 미국 27.3%(2006년), 일본 29.5%(2007년)에 달한다. 우리나라도 예외가 아니어서 2005년에 20%, 2022년에는 34.5%에 달한다. 2000년에 15.5%였던 것을 생각하면 독신 가구가 빠르게 증가함을 알 수 있다.

개인화는 인간의 행복을 극대화하는 측면에서 바람직하다. 문제는 개인화가 혼인율과 출산율을 떨어뜨린다는 데 있다. 개인화는 막을 수 없는 세계적인 추세이다. 그러면 개인화 시대에 어떻게 출산율을 제고할 수 있을까? 정답은 혼자서도 아이를 낳고 키울 수 있도록 하는 것이다. 싱글맘이 아이 낳아 키우는 것이 현재의 부부와 같이 자연스럽고 어려움이 없어야 한다. 이렇게 하기 위해서는 하루빨리 현재의 결혼제도에 변화가 필요하다. 혼자서도 아이 낳고 키우는데 아무런 어려움이나 차별이 없도록 제도와 사회 여건을 개선해야 한다. 남자 혼자도 아이를 키울 수 있어야 한다. 또한 가족의 가치를 높이는 방향으로 사회가 변화해야 한다.

1인 가구 증가세

(단위: 만 가구)

≫ 지난 20년간 1인 가구 비율이 1990년 9%에서 2010년 23.9%로 빠르게 증가하였다. 20년 만에 14.9% 증가한 것이다. 평균 가구원 수도 계속 감소하고 있다. 1인 가구는 개인화 추세에 따라 지속해서 증가할 전망이다.

저출산의 종말

저출산은 세계적인 흐름이다. 끝이 안 보이는 도도한 흐름이다. 아메리카, 유럽, 아프리카, 중동, 아시아 할 것 없이 전 세계 모든 지역의 출산율이 낮아지고 있다. 이렇게 출산율이 감소하면 수천 년 후에는 지구상에 인간이 사라질 것 같다. 하지만 그런 걱정은 안 해도 된다. 결코 저출산으로 인간이 사라지는 일은 없을 것이다. 저출산으로 인구가 줄다가 언젠가는 다시 증가하게 된다. 그럼 언제 이 저출산 흐름이 끝날 것인가?

첫째, 연금 제도가 깨지면서 저출산 추세에 변화가 올 것이다.

잘 알려진 바와 같이 국민연금은 고갈되게 되어 있다. 시간문제일 뿐이다. 젊은이는 줄고 노인은 늘어나고 연금은 많이 주는데 어떻게 고갈되지 않겠는가? 고갈되면 세금으로 일부 보충하겠지만 젊은이가 줄어드는데 세금이라고 충분할 리가 없다. 세금이 늘어나면 사람들은 열심히 일하지 않고 일부 젊은이는 우리나라에서 탈출하여 세금은 더욱 줄어들게 될 것이다. 결국에는 연금은 고갈될 수밖에 없다. 국민연금이 파산하기 전에 연금 제도를 수정할 것 같지만 그럴 가능성은 적다. 점점 늘어나는 노인인구 때문에 국회의원들은 결코 연금 수령액을 줄이지 않을 것이다. 여당이건 야당이건 계속 많은 연금을 노인에게 주고 부족한 부분은 세금으로 보충하자고 할 것이다. 결국 연금이 파산할 때까지 가게 될 것이다. 파산하게 되면 어쩔 수 없이 연금을 대폭 줄이는 방향으로 연금 제도를 수정하게 된다. 연금의 파산으로 연금 수령액이 대폭 감소하여 노후 생활이 위협받으면 자녀들에 대한 의존도가 증가하여 아이를 낳게 될 것이다.

이와 같은 미래는 2015년 그리스가 잘 보여주고 있다. 이미 나라에 돈이 없어 부도가 난 상황인데도 연금을 줄일 생각을 안 한다. 더 열심히 일할 생각도 하지 않는다. 정치인은 이런 상황은 당신 잘못이 아니라고 부추긴다. EU에 더 많은 돈을 지원해 달라고 떼를 쓴다. 결국 국가의 경제가 붕괴하고 나서야 어쩔 수 없이 연금을 줄인다. 많은 연금을 주는 나라는 모두 이와 같은 결말을 겪게 된다.

둘째, 복지제도의 축소가 출산을 촉진하게 될 것으로 전망된다.

연금과 마찬가지로 인구감소는 세금 감소를 불러와 복지를 축소할 수밖에 없다. 복지의 축소는 자녀에 대한 의존도를 높여 출산율을 높이게 된다.

셋째, 젊은이의 탈출이 출산율을 높이게 된다.

노인 인구의 증가와 복지 정책의 강화로 정부는 세금을 끝없이 높이려 할 것이다. 이에 따라 능력 있는 젊은이는 세금이 적고 살기 좋은 나라로 이주한다. 돈 많은 노인들도 높은 상속세를 피하여 떠난다. 그러면 경제는 더욱 침체된다. 이것은 이미 일부 유럽에서 일어나고 있는 일이다. 세계화로 국경의 장벽이 낮아짐에 따라 젊은이들의 탈출이 점점 쉬워진다. 정부는 결국 파산과 함께 세금과 연금, 복지를 줄일 수밖에 없다. 이렇게 하여 분배주의적 복지와 함께 저출산도 멈추게 된다.

넷째, 안전 문제가 출산율을 높인다.

과학기술과 사회제도의 발달로 사회가 완벽에 가까울 정도로 안전해졌지만, 인구가 상당히 줄어들면 안전에 허점이 생길 수밖에 없다. 지구의 모든 곳을 안전하게 관리할 수는 없기 때문이다. 따라서 인구가 극단적으로 줄면 범죄가 많아져 안전에 위협을 받게 된다.

다섯째, 극단적인 인구감소가 출산율을 높인다.

인구가 지나치게 줄어들게 되면 같이 지낼 사람, 같이 일할 사람, 같이 놀 사람이 줄어들게 된다. 사랑의 욕구를 충족시킬 사람도 줄어들게 된다. 따라서 인간의 가치가 상승하게 된다. 지나친 인구감소는 출산율을 높이게 된다. 북유럽 국가들의 출산율이 다소 높은 것은 인구 밀도가 지나치게 낮기 때문으로 생각된다.

여섯째, 전쟁이 출산율을 높인다.

2015년 현재 전 세계의 전쟁은 매우 적다. 전쟁이 사라진 사회라고 할 수 있다. 중동과 아프리카 일부 지역에서 내전이 있지만 국가 간의 전쟁은 거의 사라졌다. 하지만 언젠가는 사회 환경 변화에 따라 전쟁이 일어날 수 있다. 큰 전쟁은 사회를 불안으로 몰고 갈 것이며 그에 따라 출산율은 높아지게 된다.

일곱째, 종교가 출산율을 높인다.

대부분의 종교는 농경사회가 시작하면서 만들어졌다. 불교와 유교가 BC 6세기에 만들어졌고, 기독교와 이슬람교는 BC 5세기에 만들어진 유대교에서 파생되었다. 따라서 이들 종교는 농경사회의 철학을 담고 있다. 남존여비와 남아선호 성향이 강하다. 지금도 종교적 색채가 강한 중동지역과 아프리카 일부 지역은 여권이 제한받아 출산율이 높다. 반면에 기독교 인구가 줄어드는 유럽은 여권 신장과 함께 출산율이 낮아졌다. 미국 유타 지역에서는 일부다처제로 사는 많은 모르몬 교도가 있으며 그로 인하여 출산율이 높다. 이처럼 종교는 출산율에 영향을 줄 수 있다. 특히 남성 중심적이고 종교의 이름으로 여권과 인권을 제한하는 종교가 전 세계를 점령하면 출산율은 올라갈 수 있다. 하지만 현재는 종교가 쇠락하는 시대로서 종교가 힘을 얻는 것은 기대하기 어려운 실정이다.

이상 살펴본 바와 같이 언젠가는 출산율이 상승으로 돌아서겠지만 상당 기간 출산율이 높아질 가능성은 매우 낮다. 또한 그 전에 나라가 망하거나 이웃 국가에 점령당하여 노예 생활과 같은 지독한 고초를 겪을 가능성이 크다.

제6장

다른 나라의 사례

로마의 저출산 해법

로마의 저출산 문제를 해결하고자 기원전 18년 아우구스투스는 두 가지 법안을 제출하였다.

- '간통 및 혼외정사에 관한 율리우스 법'
- '정식 혼인에 관한 율리우스 법'

'간통 및 혼외 정사법'은 간통한 남녀가 재판에 회부되어 처벌받는 것에 그치지 않고, 간통 사실을 알면서도 그 사실을 숨기거나 사실을 안 뒤에도 아무 조치도 취하지 않은 남편이나 친정아버지를 '간통 방조죄'로 처벌하도록 규정한다. 또한 여자 노예나 창녀를 제외한 다른 여자와 정식 혼인 관계 이외의 성적 관계를 맺는 것도 공적인 범죄로 간주한다고 규정했다. 본 법률을 통하여 불륜에 대한 처벌을 강화하여 가정이 파탄 나는 것을 방지하고자 한 것으로 생각된다.

'정식 혼인법'은 결혼 생활을 장려하는 것이 목적이었다. 이 법률로 인하여 25세~60세의 남자와 20세~50세까지의 여자는 결혼하지 않으면 불이익을 감수해야 했다. 과부인 경우에도 자녀가 없으면 1년 안에 재혼해야 하고 재혼하지 않으면 독신과 똑같이 취급되었다. 자녀가 없는 독신 여성은 50세가 넘으면 어떤 상속권도 인정받지 못하게 되었다. 뿐만아니라 2만 세스테르티우스 이상의 재산을 가진 독신 여성은 결혼하여 아이를 셋 낳을 때까지 수입의 1퍼센트를 국가에 바쳐야 했다. 또한 독신 여성이 5만 세스테르티우스 이상의 재산을 갖고 있으면 50세가 되자마자 재산을 다른 사람에게 양도해야 했다. 남자의 경우는 여자처럼 직접세를 내지는 않았지만, 첫아이가 태어나야만 비로소 법정 상속인이 아닌 다른 사람에게도 유산을 상속할 권리를 가질 수 있고, 법정 상속인이 아니라도 유산을 상속받을 권리를 가질 수 있었다. 이 법률은 친구나 친지에게도 유산을 상속하는 것이 일반적이었던 로마제국에서는 큰 영향을 미쳤다.

'정식 혼인법'은 공직 생활에서도 자식을 가진 사람을 우대하도록 명시했다. 선거를 통해 뽑는 공직자는 획득한 표 수가 같은 경우 많은 자녀를 가진 사람이 우선권을 갖도록 했다. 원로원 의원, 원로원 속주, 공직 등에서도 자녀가 많은 사람에게 우선권이 주어졌다.

자녀를 셋 이상 낳아서 키운 어머니에게는 재산을 물려줄 사람을 마음대로 고를 수 있고 마음대로 사용할 수 있는 권한이 부여되었다.

이혼에 대해서는 이혼을 어렵게 하였다. 이전에는 아내 쪽 아버지의 의향만으로 이혼이 성립되었지만, 이 법률로 인하여 이혼은 가정 법원 같은 위원회에서 이혼 허가를 받아야만 이혼할 수 있었다. 또한 7명의 로마 시민이 증인과 함께 이혼을 공표해야 했다. 즉, 가정 문제를 공적인 문제로 바꾸어 이혼을 어렵게 만들었다.

건전한 가족의 보호와 육성 없이는 건강한 국가가 성립되지 않는 다고 생각한 아우구스투스는 불륜을 엄벌에 처했다. '간통 및 혼외 정사법'은 유부녀가 불륜관계를 맺으면 재산의 3분의 1을 몰수하고 섬으로 종신 추방하도록 규정했다. 남편의 불륜에는 강간죄로 처벌하였다.

이 법은 제정 6년 뒤인 기원전 12년에 발효되었으며 21년 뒤인 서기 9년에 일부 수정되었으나 기본 골격은 그대로 유지되었다. 아우구스투스 이후의 왕들도 이 법률을 존중하였으며 이런 상황은 기독교의 승리로 말미암아 독신의 가치가 최고로 높아질 때, 즉 391년에 테오도시우스 1세가 기독교를 국교로 정할 때까지 계속되었다. 즉, 이 법률이 상당한 효과가 있었음을 알 수 있다.

지금까지 로마제국에서의 저출산 문제에 대하여 알아보았다. 현재 우리나라에서 실시하는 저출산 대책과 비교하면 큰 차이가 있음을 알 수 있다. 또한 현재 실시하고 있는 양육 환경 개선, 양육비 지원, 근로환경 개선으로는 저출산 문제를 해결할 수 없음을 인지할 수 있을 것이다. 결국 재산권 제한, 상속권 제한, 독신세, 공직 제한 등의 강력한 조치 없이는 출산율을 높이기는 어려워 보인다. 하지만 국민이 주권을 갖는 민주주의 국가에서, 대통령도 자녀가 없는 상황에서, 표에 눈이 먼 정치인들이 이와 같은 법률을 제정할 리 만

무하다. 부유층은 자유를 제한한다고 반발할 것이고, 서민층은 먹고사는 게 우선이라며 경제부터 살리라고 항의할 것이다. 결국 이와 같은 법률은 나라가 망하기 전까지는 만들어지기 어렵다. 이것이 바로 출산율이 계속 낮아지고 인구가 줄어들 수밖에 없는 이유이다. 국민을 강력하게 설득하여 이러한 법률을 제정할 수 있는 지도자가 절실히 필요하다.

북한의 출산율

　1945년경 대부분 여성은 아이를 8~12명 정도 낳았으며 출생아의 절반은 영유아기에 사망한 것으로 추정된다. 해방과 함께 남북한은 갈라지고 출산율은 다른 행보를 보인다.

　북한은 해방 후 소련이 통치하기 시작하면서 사회주의 정책을 편다. 자산과 생산수단을 국유화하고 무상 배급, 무상 육아, 무상 교육, 무상의료, 무상주택을 제공한다. 해방 전 북한 지역에는 공장이 많았으며, 공산권의 막대한 원조와 소련식 경제개발 모델을 도입하여 경제가 빠르게 성장한다. 1961년 북한의 GDP는 $195로 남한의 $82 보다 2.5배나 높았다. 이처럼 잘 살고 복지가 잘 갖춰져 있었음에도 출산율은 남한보다 빠르게 하락한다. 이 당시 북한은 산아제한 정책을 펴지도 않았다. 오히려 전쟁으로 감소한 인구를 보충하고자 출산장려정책을 폈다. 1949년 북한의 인구는 962만이었으나 1953년에는 849만 명으로 감소한다. 전쟁으로 사람들이 죽거나 남한으로 이주하였기 때문이다. 이러한 인구감소를 극복하고자 전쟁

직후부터 1960년대까지 출산장려정책을 편다. 임산부에 대하여 의사 담당제를 시행하고 1주일 탁아소, 4주일 탁아소 등 완벽에 가까운 탁아소를 운영하여 육아에 어려움이 없도록 한다. 이러한 탁아소는 1990년대 경제 위기가 올 때까지 유지되었다.

완벽한 탁아소와 복지에도 불구하고 출산율은 남한보다 빠르게 하락하였다. 강력한 출산장려정책을 실시했음에도 불구하고 남한보다도 출산율이 더 빠르게 하락한 것이다. 이런 현상은 다른 사회주의 국가에서도 보여주는 바와 같이 사회주의 체제에서는 자녀가 부모에게 주는 이익이 매우 적기 때문이다.

남북한의 GDP는 1973년에 역전되는데, 남한의 GDP가 북한을 앞지르면서 남한의 출산율은 가파르게 하락하고 북한의 출산율은 하락세가 완만해진다.

남한에서는 1960년대부터 산아제한 정책을 시행하였는데, 북한도 1970년부터 국가에서 피임을 시켜주고 셋째 이상 출산 시에는 출산 휴가를 제한하는 등의 산아제한 정책을 편다.

하락하던 북한의 출산율은 1998년 이후 더 이상 하락하지 않는다. 1998년 9월부터 실시한 출산장려정책이 효과를 발휘했기 때문이다.

1989년 폴란드 인민공화국이 붕괴하고 1991년에는 소련, 1992년에는 나머지 동유럽권 사회주의 국가가 모두 붕괴한다. 소련과 동구권 사회주의 국가의 원조가 중단되고 교역이 감소함에 따라 북한 경제는 추락한다. 경제 상황이 점점 악화하여 1990년대 중반부터 배급이 중단되었으며 300만 명이 굶어 죽는다. 노동력과 군병력이 부족하고 출산율이 2.04명으로 낮아지자 1998년부터 출산 장려 정책을 편다. 임신 여성과 산모에게 식량 우선 배급과 휴직, 노력 동원 면제, 주택 우선 배정의 정책을 편다. 규제 정책도 시행한다. 가장 강력한 규제 정책은 2자녀 이상 있는 부모에게만 간부 자격을 주는 것이다. 모든 것을 국가가 소유하는 사회주의 국가에서는 국가 권력이 막강할 수밖에 없다. 이런 사회주의 체제에서 당 간부가 되면 많은 권세를 누릴 수 있다. 따라서, 잘 살기 위해서는 당 간부가 되어야 하므로 이 정책은 매우 효과가 있었다. 2015년부터는 낙태는 물론이며 피임도 금지하고 있다.

북한의 출산율은 1998년 이후 20여 년 동안 2.0명에 가까운 출산율을 유지하다가 최근에는 좀 하락하여 2022년 1.61명을 기록하고 있다. 요즘에는 당 간부가 되어도 이점이 예전 같지 못하게 되면서 출산율이 하락하는 것이다.

열악한 환경에도 불구하고 북한의 출산율이 남한보다 두 배나 높은 이유는 무엇일까? 우선 물리적 안전과 경제적 안전이 미흡하여 가족의 가치가 높기 때문이다. 삶의 환경이 어려울수록 믿고 의지할 수 있는 것은 가족이기 때문이다. 간부 자격 같은 규제 정책도 큰 영향을 미쳤을 것으로 생각된다. 연좌제 때문에 가족의 가치가 높은 것도 출산율이 높은 이유이다. 1990년대 경제 위기가 오면서 배급이 중단되어 사회주의가 퇴조한 것도 영향을 주었을 것이다.

북한의 출산율은, '**인간은 환경보다는 필요로 출산한다**'라는 것을 잘 보여준다.

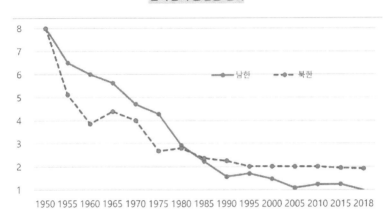

남북한의 출산율 변화

헝가리의 결혼 붐

　중앙 유럽에 있는 인구 1,000만, 1인당 GDP $18,000의 헝가리에서 결혼 붐이 일고 있다. 전 세계 모든 나라에서는 결혼이 감소하고 있는데 헝가리에서만 결혼이 증가하고 있다. 2019년 9월까지의 혼인 건수가 2018년 같은 기간보다 20%나 증가하였다. 지난 30년 만에 최고치이다. 결혼 붐은 점차 강화되는 추세이며, 2019년 9월의 혼인 건수는 지난해 9월의 혼인 건수보다 29% 높다. 1979년 이래 40년 만에 최고치이다. 반면에 이혼은 지난 6년 이래 최저를 기록하고 있다.

　헝가리에 2019년 들어 갑작스럽게 결혼 붐이 일고 있는 이유는 무엇인가?

　헝가리의 결혼 붐은 2019년 2월 10일에 출산 장려 정책이 발표되었을 때 이미 예견되었다. 7가지 출산 장려 정책 중에서 가장 눈에 띄는 정책은 아래의 두 가지이다. 이 두 가지 정책은 출산에 대하여

보상하는 것으로 다른 유럽 국가들의 복지 성격의 정책과는 본질적
으로 다르다.

첫 번째 정책은, 결혼하면 2년 치 연봉에 해당하는 1천만 포린트
(약 4,000만 원)를 대출해 주는 제도이다. 아이를 낳으면 이자를 면제
해 주고 셋 이상 낳으면 전액을 탕감해 주기까지 한다. 이 정책으로
인하여 많은 여성은 결혼하고 세 명의 아이를 갖고 싶은 마음이 생
겼을 것이다.

두 번째 정책은, 아이를 넷 이상 낳으면 여성에게 평생 소득세를
면제해 주는 제도이다. 이 제도로 인하여 직장에 다니는 여성들은
빨리 아이를 넷 낳아 소득세를 면제받고 싶은 마음이 생겼을 것이
다. 44%의 높은 소득세율 때문에 소득이 높은 전문직 여성들에게
는 강렬한 동기부여가 되었을 것이다.

이 정책들이 발표되었을 때, 모든 미혼 여성은 결혼을 꿈꾸기 시
작했을 것이며 적령기 미혼 여성들은 배우자를 찾기 시작했을 것이
다. 애인이 있는 여성들은 결혼을 서둘렀을 것이며, 이미 결혼한 여
성들은 아이를 가지려 했을 것이다. 그 결과 혼인은 증가하고 이혼
과 낙태는 감소한 것이다.

헝가리는 2011년에는 자녀 1인당 $400~1,500 세액 공제를 해주
고, 2015년에는 최대 $36,000의 주택 구입 보조금을 지원하는 등

의 출산 장려 정책을 펼쳐 왔다. 그 결과, 2011년 1.23명이던 출산율이 2016년에는 1.49명으로 5년 만에 21% 상승한다. 2019년까지 유지되던 1.49명 출산율은 상기 출산 장려 정책 발표 후 2020년에는 1.56명, 2021년에는 1.59명으로 상승세를 타고 있다. 앞으로도 출산율이 계속 상승할 것으로 기대된다.

이렇게 헝가리 정책의 실효성이 입증되자 여러 나라에서 채택을 검토하고 있다. 우리나라에서는 창원시가 시동을 걸었다. 1억 원의 결혼대출금을 아이 셋 낳으면 모두 탕감해 주기로 했다.

헝가리의 결혼 붐은 세 가지 교훈을 준다.

첫째, 정책이 얼마나 중요한지를 보여준다. 여성들의 마음을 움직이는 정책, 실질적인 이익을 주는 정책이 얼마나 중요한지를 보여준다.

둘째, 실효성 있는 정책을 펴면 얼마든지 저출산 문제를 해결할 수 있음을 보여준다. 우리나라에서는 저출산 문제에는 해답이 없다고 하는데, 얼마든지 해답이 있음을 보여준다.

셋째, **인간은 환경이 갖추어진다고 아이를 낳는 것이 아니라, 필요해야 아이를 낳음을 보여준다.** 그동안 우리나라를 비롯한 유럽과 전 세계의 많은 선진국에서는 출산과 양육을 지원하는 데 집중했다. 하지만 어느 나라에서도 성공하지 못하였다. 출산과 양육을 지원하는 것이 여성에게는 이익이 되지 않기 때문에 성공하지 못한 것이다. 반면에 헝가리의 정책은 아이를 낳은 여성에게 실질적인 이익이 가도록 한다. 이익이 기대되면 필요성이 증가하여 혼인과 출산율이 올라간다.

저출산 문제를 극복할 수 있다는 사례를 보여준 헝가리에 박수
를 보낸다.

헝가리 출산율

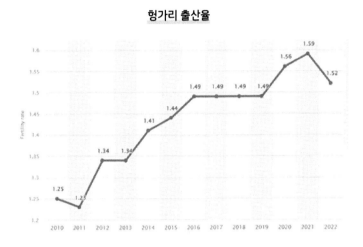

〉 헝가리 출산율은 부모에게 이익을 주면 출산율이 상승함을 잘 보여준다.

이스라엘의 높은 출산율

2018년 이스라엘의 1인당 GDP는 41,580$로 상당히 높음에도 불구하고 출산율은 3.11명(2016)으로 높다. 소득이 3만$ 이상 되는 전 세계 국가 중에서 출산율이 가장 높다. 이웃 국가의 출산율은 레바논 1.72, 시리아 2.92, 요르단 3.38, 이집트 3.26인데, 이들의 소득 수준과 정치적 불안정을 고려하면 이스라엘의 출산율은 매우 높은 편이다.

다른 서유럽 국가에 비하면 이스라엘의 출산 장려 정책은 미약하다. 그럼에도 다른 서유럽 국가보다 두 배나 높다. 이스라엘의 출산율이 이렇게 높은 데에는 몇 가지 이유가 있다.

우선, 정통 유대인 종파 '하레디'를 들 수 있다. 이들의 출산율은 6.6명에 달한다. 하레디의 인구는 13%에 불과하지만 14세 미만의 아동에서는 19%, 4세에서는 24%에 달한다. 이들은 출산율을 높일 뿐만 아니라 아이를 많이 낳는 사회적인 분위기 또한 조성하고 있다.

두 번째 이유는 3명 정도의 아이를 당연하게 낳아야 한다는 사회 분위기를 들 수 있다. 이스라엘 여성은 자녀가 3명 이하일 땐 잘

못을 한 듯 출산을 하지 않은 것에 대하여 사과해야 하는 분위기가 만연되어 있다. 그래서, 하레디뿐만 아니라 세속적인 여성들도 3명의 자녀를 출산한다.

또 다른 이유는 여성의 국방의 의무에 있다. 이스라엘 여성은 2년간 군 복무를 해야 하는데, 아이를 낳은 여성에게는 국방의무가 면제된다. 약 60%의 여성들은 대학을 졸업할 즈음까지 결혼하여 아이를 갖고 군면제를 받는다. 이스라엘의 출산율도 건국 이후 지속해서 하락하다가 1992년에 멈추었다. 이때 중요한 사회 변화가 있었음을 암시한다. 아마도 여성의 출산 군 면제 제도가 이즈음에 시행된 것으로 추정된다. 이것을 보면 국가 제도가 얼마나 중요한지 알 수 있다.

이스라엘의 출산율

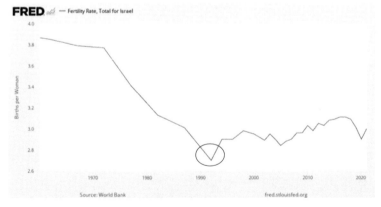

≫ 이스라엘의 출산율은 빠르게 하락하다가 1992년부터 상승세로 돌아선다. 아마도 이즈음부터 여성 군 면제가 시행된 것으로 추정된다.

프랑스 출산율의 비밀

　1950년 3.0명에 가깝던 프랑스의 출산율은 계속 하락하여 1993년에는 1.66명을 기록한다. 그 후 출산율이 상승하여 2010년에는 2.02명을 기록한다. 이렇게 출산율이 상승한 것에 대하여 프랑스는 매년 180조 원의 예산을 투입하여 전폭적인 출산과 육아 지원 정책을 편 덕분이라고 주장한다. 이에 다른 많은 국가가 프랑스의 정책을 채택하여 시행하였으나 어느 국가에서도 출산율은 상승하지 않았다. 우리나라에서도 신문 방송을 통하여 프랑스의 정책이 정답인 것처럼 대대적으로 선전하고 많은 예산을 투입하였으나 출산율은 오히려 하락하고 있다. 프랑스는 여전히 강력한 출산과 육아 지원 정책을 펴고 있으나, 2010년 이후 다시 하락하여 1.88명(2017)을 기록하고 있다. 왜 프랑스의 출산율은 다시 하락하는가? 왜 다른 국가는 출산율이 상승하지 않는가?

　일반적으로 이민자는 본국에서와 비슷한 수의 아이를 낳는다. 출산율이 높은 아프리카와 중동 출신 이민자는 이민국에서도 많은 아이를 낳는다. 따라서 아프리카와 중동 출신 이민자가 많은 국가는 출산율이 높다. 반면에 출산율이 낮은 동북아시아와 유럽 출신 이민자가 많은 국가는 출산율이 낮다. 미국의 경우 멕시코 이민자가 많아 출산율이 높으며, 호주는 이민자가 많음에도 불구하고 유럽과 동북아시아, 동남아시아 이민자가 많아 출산율이 낮다. 캐나다도 동북아시아와 유럽 이민자가 많아 출산율이 낮다.

프랑스 입국 이민자 수는 1995년에 10.6만 명이었으나 2003년에는 21.5만 명으로 증가한다. 그 후에는 비슷한 수가 유지되어 2012년에는 23만 명을 기록하고 있다. 이들 이민자는 수십 년 전에는 대부분 유럽 국가 출신이었다. 1975년 이민자의 70% 이상이 이탈리아, 포르투갈, 스페인, 폴란드 출신이었다. 하지만 2005년에는 60% 이상이 출산율이 높은 알제리, 모로코, 터키, 튀니지, 세네갈, 말리 등의 아프리카와 중동 국가 출신이다. 1990년 이후에는 다른 국가들의 이민자 수는 감소하고 있으나 출산율이 높은 사하라 사막 이남에 있는 세네갈(4.77)과 말리(6.06) 등의 아프리칸 이민자 수는 가파르게 상승하고 있다. 1969년 전체 인구의 0.1%도 안 되던 아프리칸 이민자 비율은 30년 후인 1999년에는 0.47%로 증가하였고 그 후에는 더욱 빠르게 증가하여 2012년에는 0.83%를 차지하고 있다.

이처럼 프랑스의 출산율이 상승한 것은 출산율이 높은 국가로부터의 이민자가 증가하였기 때문이다. 프랑스의 전폭적인 출산과 양육지원 정책에도 불구하고 프랑스 원주민들은 아이를 더 낳지 않았으나, 아프리칸 이민자들은 출산 지원 정책 덕분에 본국에서보다도 더 많은 아이를 낳았기 때문이다. 이들 덕분에 이민자의 출산율은 3.3명이나 되며 이들 덕분에 프랑스의 출산율이 상승한 것이다.

그렇다면 2010년 이후 출산율이 다시 하락하는 이유는 무엇인가? 그 이유는 아프리카 국가들의 출산율도 빠르게 하락하고 있기 때문이다. 알제리, 모로코, 튀니지 등의 출산율은 2명대로 하락하여 이들이 프랑스로 이주하여도 아이를 많이 낳지 않는다. 사하라 사막 이남의 아프리칸 출산율은 여전히 5명 정도로 높지만, 이들의 출산율도 꾸준히 하락하고 있다.

또 다른 이유는, 이민자들은 본국에서와 비슷한 수의 아이를 갖지만, 프랑스에서 태어나 학교 다닌 자녀들, 즉, 이민 2세들은 프랑스 원주민과 비슷한 수의 아이를 갖는다는 것이다. 따라서 이민자가 지속해서 증가하지 않는 한 이민자에 의한 출산율 증가는 한계가 있다.

프랑스는 이민자에 의하여 출산율이 상승한 것을 출산과 육아 지원 정책 덕택이라고 거짓 선전해 왔으며 많은 다른 국가는 프랑스에 속아 예산과 시간을 낭비하고 있다. 우리나라도 그중 하나이다. 2022년에만 51조 7천억 원의 예산과 시간을 낭비하고 있다. 하지만 출산율은 해마다 최저치를 경신하고 있다. **인간은 출산과 양육하기 좋은 환경을 만들어 준다고 아이를 낳는 것이 아니라, 아이를 낳아야 하는 필요가 있어야 아이를 낳는다.** 프랑스처럼 돈을 퍼준다고 아이를 낳지 않는다는 것을 명심해야 할 것이다.

프랑스 이민자가 출산율에 기여하는 바는 0.1명에 불과하다는 주장이 있다. 이민자의 출산율은 2017년 2.6명으로 프랑스 여성 1.8명보다 높지만, 전체 인구에서 차지하는 비중은 크지 않아 큰 영향이 없다는 것이다. 그런데, 실제 데이터를 보면 2018년부터는 이민자에 의한 인구 증가가 본토인의 인구 증가를 넘어서고 있다. 이민자가 인구에 영향을 주는 것이 50%를 넘는다는 의미이다. 프랑스 거리나 학교를 가봐도 유색인종이 매우 많은 것을 쉽게 볼 수 있다. 이민자가 프랑스 출산율에 큰 영향을 주고 있다.

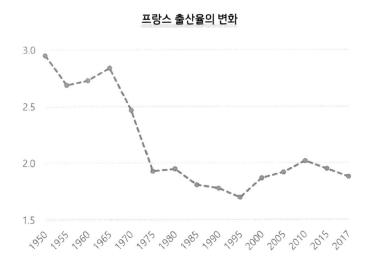

프랑스 출산율의 변화

이민자가 프랑스 인구에 미치는 영향

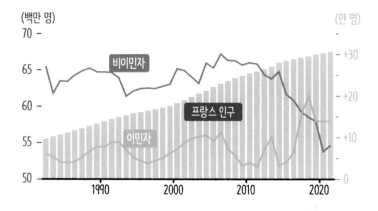

≫ 이민자가 프랑스 인구에 미치는 영향이 2018년부터 비 이민자를 넘어서고 있다.

제7장

저출산의 해법

수고에는 보상이 따라야 한다.

자녀가 있는 경우와 없는 경우의 우리 삶을 비교해 보자.

아이를 낳은 20~30대의 부모는 아이 돌보느라 큰 어려움을 겪는 다. 아이 돌보느라 잠을 설쳐 피곤한 몸으로 힘겹게 하루를 보내기 도 한다. 자신의 삶은 없고 아이에 얽매여 산다. 직장 생활하며 아 이를 돌보는 것은 여간 고달픈 것이 아니다.

반면에, 아이가 없는 20~30대는 직장 생활에 집중하고, 여가 시 간에는 자신의 삶을 즐긴다. 월급은 자신에게만 쓰면 된다.

자녀들이 학교에 들어가면 부모는 자녀를 돌보는 데 수고는 크게 없지만, 많은 돈을 지출한다. 공교육비는 소득에 비하여 얼마 안 되 지만 사교육비는 상당히 많다. 학원을 여러 개 보내고 유학까지 보 내는 경우 상당히 큰 비용을 지불해야 한다. 반면에, 자녀가 없는 중년은 여전히 직장 생활에 집중하고 자신의 생활을 즐긴다. 여전 히 자신이 번 돈은 자신에게만 쓰면 된다. 자녀가 없으니 많은 돈 을 저축할 필요도 없다. 자신의 노후를 위한 돈 정도만 있으면 된다. 자녀가 없는 허전함은 개를 키우거나 고양이를 키워 달랜다. 취미 생활도 하고 동호회에 가입하여 사람들과 어울리며 시간을 보내기도 한다.

자녀들이 결혼할 때는, 부모는 자녀에게 많은 지원을 한다. 있는 돈 없는 돈 짜내어 집을 사준다. 형편이 안 되면 전세금이라도 보태준다. 반면에, 혼자 사는 중년은 취미 생활을 즐기고 친구들과 어울려 편안한 인생을 보낸다.

자녀들이 직장 생활도 잘하고 결혼 생활도 잘하는 경우 부모는 안도한다. 이대로만 잘 지내기를 기도한다. 자녀가 아이를 낳을 때, 돌잔치, 학교에 들어갈 때 등의 행사가 있을 때마다 축하금을 준다. 자녀가 학업도 제재로 못 마치고 제대로 직장 생활도 못 하면 자식 인생이 풀릴 때까지 뒷바라지한다. 자신의 운명이려니 한다. 반면에, 독신의 중년들은 여전히 자신의 생활을 즐긴다. 애완견도 두세 마리 키우면서 편안하게 지낸다.

부모가 노년이 되었을 때는, 그동안 알뜰히 모아놓은 돈을 자녀에게 준다. 그런데, 증여세/상속세로 많은 돈을 뜯겨야 한다. 금액이 많은 경우에는 절반이나 세금으로 납부해야 한다. 반면에, 독신은 물려줘야 할 자녀가 없으니 여유롭게 돈 쓰며 산다. 외제 차도 사고 철 따라 해외여행도 가고 취미 생활도 즐기며 산다.

이상 살펴본 바와 같이, 자녀가 있는 부모는 많은 수고와 비용을 쓴다. 몸고생, 마음고생하며 돈도 많이 쓴다. 증여세·상속세도 많이 낸다. 반면에, 독신은 수고도 하지 않을 뿐만 아니라 자신만을 위하여 돈을 쓴다.

이렇게 자녀가 있는 부모는 많은 수고와 비용을 쓰는데, 자녀로부터 얻는 이익은 거의 없다. 자녀를 보기만 해도 좋은 정서적 이익은 있으나, 자녀가 없는 경우에는 애완동물이나 애인으로 대체할 수 있다.

정부로부터 아이를 낳아 키웠다고 해서 특혜를 보는 것도 없다. 지하철 무임승차도 같고, 노령연금도 같다. 오히려, 독신은 독거노인이라고 해서 국가의 보살핌을 받는다. 노년에 자녀의 피부양자로 등록하여 건강보험료를 면제받는 것이 자녀가 있는 부모의 유일한 혜택이었는데, 최근에는 그것마저도 빼앗아 버렸다. 이처럼, 아이를 낳아 키워도 아무런 이익이 없는데, 미치지 않고서야 누가 아이를 낳아 키우겠는가? **부모가 자신들을 키울 때 많은 수고와 비용을 지출했음에도 불구하고 부모가 받는 혜택이 아무것도 없는 것을 지켜본 자녀들이 아이를 안 낳는 것은 당연한 것 아닌가?**

아이를 낳도록 하기 위해서는 **아이를 낳은 부모에게 철저하게 혜택을 주어야 한다. 아이를 낳아 키운 사람과 독신으로 사는 사람의 삶이 분명하게 비교되게 해야 한다. 아이를 낳아 키웠을 때 훨씬 더 행복하고 윤택하게 해줘야 한다.**

사회주의 국가에서 업무 성과와 관계없이 똑같은 배급을 주자 열심히 일하는 사람이 사라졌다. 열심히 일해도 보상이 없기 때문이다. 아이를 안 낳는 것도 똑같다. **아이를 낳아 정성을 다해 자녀를 잘 키워도 보상이 없으니, 아이를 안 낳는 것이다.**

출산율을 높이기 위해서는 아이 낳은 부모에게 충분한 혜택을 주어 독신으로부터 부러움을 받도록 해야 하고 확실하게 피부로 느끼게 해야 한다.

수요와 공급으로 보는 출산의 원리

　피임과 낙태를 할 수 있는 요즘에는 자녀의 수를 마음대로 조절할 수 있다. 이 말은 자녀를 비용과 편익을 고려하여 선택하는 일종의 '재화'로 볼 수 있다는 것이다. 한 가정의 자녀의 수는 부모의 '자녀에 대한 수요'에 의하여 결정된다. 부모들의 자녀에 대한 수요는 일반 재화의 경우와 다르지 않다. 자녀의 수가 증가함에 따라 자녀에 대한 한계편익은 감소하여 수요곡선은 우하향한다.

　자녀에 대한 공급곡선은 자녀를 하나 더 키울 때마다 추가로 들어가는 비용, 즉 한계비용을 말한다. 자녀를 키우는 비용은 일정하므로 공급곡선은 수평으로 나타난다. 한 가정의 자녀의 수는 이 수요곡선과 공급곡선이 만나는 곳에서 결정된다.

　출산율이 상승하기 위해서는 자녀로부터 얻는 편익이 상승하여 수요곡선은 위로 올라가고, 한계비용은 감소하여 공급곡선이 내려가야 할 것이다.

수요곡선은 다음과 같은 요인들에 의하여 변동될 수 있다.

첫째, 부모의 개인적 특성, 즉 나이, 건강 상태, 교육 수준, 직업, 소득 수준 등에 영향을 받게 된다. 결혼하는 나이가 늦어져 부모의 나이가 많아지면 수요곡선은 하락하게 된다.

둘째, 소득 수준은 자녀에 대한 수요를 결정하는 중요한 요인이다. 부모의 소득 수준은 부양 능력과 직결되기 때문에 소득이 높을수록 자녀에 대한 수요는 커지게 된다. 그러나 소득이 높을수록 자녀 양육에 드는 시간 비용도 커진다는 점에서는 자녀에 대한 수요가 감소하게 된다. 이런 문제는 자녀 양육에 많은 시간을 할애해야 하는 여성의 시간에 대한 기회비용이 클수록 두드러진다. 소득이 낮은 여성일수록 출산율이 높고, 전문직 여성이나 성공한 여성, 고소득 여성들의 출산율이 낮은 이유이다.

셋째, 일손으로서의 자녀 역할이 강조되는 경우 자녀에 대한 수요는 농기계와 같은 대체적인 생산도구의 이용이 쉬워질수록 감소할 가능성이 있다. 요즘에는 농기계가 발달하고 외국인노동자가 증가하여 자녀가 부모의 일손을 돕는 경우는 거의 없다. 이런 경우 수요곡선은 하락하게 된다.

넷째, 부모가 자녀를 노후대책으로 생각하고 있다면, 노후에 대한 사회보장이 잘 될수록 자녀에 대한 수요는 감소하게 된다. 과거에는 자녀가 부모를 부양했으므로 자녀는 부모의 노후대책이었다. 하지만 현재에는 각종 연금과 복지혜택으로 자녀에게 노후를 의지하는 부모는 거의 없으므로 수요곡선은 하락하게 된다.

공급곡선은 한 사회에서 자녀 양육의 전반적인 비용에 의하여 결정되는 만큼 부모의 개별적인 사정보다는 사회적 요인들에 의하여 결정된다. 양육지원, 무상 교육, 아동수당을 지급하는 나라에서는 공급곡선이 내려가게 된다.

현재 우리나라는 무상 교육, 무상급식, 아동수당, 출산수당 등을 지급하여 공급곡선이 많이 낮아졌다. 그럼에도 출산율이 하락하는 것은 자녀의 가치가 더 크게 하락하여 수요곡선이 하락하였기 때문이다. **출산율을 올리기 위해서는 양육 비용을 줄이는 것보다 자녀의 가치를 올려 수요곡선을 올려야 한다. 즉, 자녀로부터의 이익을 늘려 필요하게 해야 한다.**

PS 1
본 기사는 오영수 저 '31가지 테마가 있는 경제여행'을 참고하였습니다.

PS 2
공교육 비용은 고등학교까지의 무상 교육, 무상급식, 많은 장학금 등으로 많이 낮아졌으나, 막대한 사교육과 유학 비용 등으로 실제 비용은 크게 낮아지지 않았다. 그 결과 공급곡선이 많이 낮아지지 않았다.

출산의 수요 공급 곡선

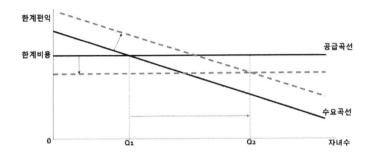

저출산 정책의 원칙

2019년 4월11일 낙태죄가 위헌 판정을 받음으로써 출산은 전적으로 여성의 의사에 의하여 결정되게 되었다. 편리한 피임 도구에 더하여 낙태가 자유로워 짐에 따라 아이를 낳고 안 낳고는 여성의 마음에 달리게 되었다. 이제 아이는 여성에게 선택받아야 탄생할 수 있는 상품과 같다. 과거에는 시부모와 남편의 압력, 원하지 않았던 임신, 강간 등에 의해서도 아이가 태어날 수 있었지만, 지금은 오로지 여성의 마음에 달려 있다. 이러한 상황에서 어떻게 하면 출산율을 올릴 수 있을까?

첫째, 자녀의 가치를 높여야 한다. 자녀가 있음으로써 부모가 행복해지도록 해야 한다. 현재는 아이를 낳고 키우는 부담은 있는데, 자녀가 커서 취업을 해도 부모에게 돌아오는 이익은 아무것도 없다. 열심히 농사를 지어 곡식이 잘 여물었는데 부모에게 돌아오는 몫이 없으면 누가 농사를 지으려 하겠는가? 현재 자녀는 부모에게 아무런 이익이 되지 않는 상품이다. 가치가 없는 상품을 구매하는 사람은 없다. 이것이 바로 저출산 현상의 원인이다. 자녀를 낳아 키우는 것을 자식 농사라고 하는데, 아무리 자식 농사를 잘 지어도 부모에게 돌아오는 것이 없으니, 누가 농사를 지으려 하겠는가? 자녀가 부모에게 이익이 되지 않는 한 출산율 상승은 결코 없다.

둘째, 여성에게 초점을 두어야 한다.

과거에는 시부모 또는 남편이 출산을 결정하였다. 시어머니가 아들을 낳으라고 하면 아들을 낳을 때까지 아이를 낳아야 했다. 아들을 못 낳으면 쫓겨나거나, 남편이 새 여자를 들여도 아무 말 못 하고 참고 살아야 했다. 하지만 요즘은 전적으로 여성이 결정한다. 저출산 정책을 보면 대부분 아이에게 초점을 두고 있는데, 아이를 낳는 것은 아이가 아니라 엄마인 여성이다. 아이가 아니라 여성에게 초점을 두고 정책을 펴야 한다.

셋째, 혜택받은 계층에 초점을 두어야 한다.

학생 때는 공부 잘하는 학생을 가장 부러워하지만, 사회에 나와서는 돈 잘 버는 친구를 가장 부러워한다. 서민들은 부자를 시기하면서도 그들을 동경한다. 현재 우리나라의 출산장려정책은 서민에게 초점이 맞춰져 있다. 서민들은 출산수당, 아동수당, 양육지원, 교육지원 등의 많은 혜택을 받지만, 마음은 항상 부자에게 가 있다. 따라서 부자가 먼저 결혼하고 아이도 많이 낳도록 해야 한다. 같은 이유로 로마제국에서도 부유층을 대상으로 '정식 혼인에 관한 율리우스 법'을 제정하여 혜택받은 계층의 혼인과 출산율 상승을 유도하였다.

우리나라도 고소득 계층에 초점을 두어야 한다. 고소득 직종의 젊은이들이 결혼하고 아이를 낳고 행복하고 건강한 가정을 꾸리도록 해야 서민들도 따라서 결혼하고 아이를 많이 낳게 된다. 아래 그림과 같이 소득이 높을수록 출산율이 높아져야 서민들의 출산율도 상승하게 된다.

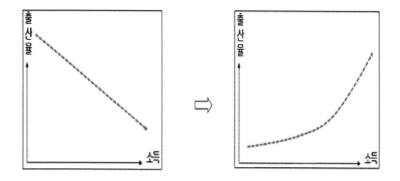

> 소득이 높은 사람일수록 출산율은 낮다. 소득이 높은 사람일수록 출산율이 높아야 서민들의 출산율도 상승하게 된다.

넷째, 실효성 있는 정책을 펴야 한다.

우리나라에는 수많은 출산장려정책이 있으며, 2022년 51.7조 원의 예산을 썼다. 정책이 너무나 많고 복잡하여 정확하게 아는 사람이 거의 없다. 혜택을 받으면 그때야 이런 것도 있었구나 알게 된다.

출생아 한 명당 2억 원 이상의 예산이 지출되는데 크게 체감되지 않는다. 정책은 사람들이 쉽게 느낄 수 있어야 한다. 또한 아이가 없는 사람과 비교하여 명확한 이익이 느껴지도록 해야 한다.

다섯째, 조부모가 양육에 적극 참여하도록 해야 한다. 과거에는 조부모가 육아를 담당하였다. 북한에서도 할머니들이 탁아소에서 육아를 담당하였다. 출산율이 높은 이스라엘에서도 조부모가 육아에 적극 참여하고 있다.

조부모만큼 육아에 적합한 사람은 없다. 애정이 있으므로 가장 믿을 수 있으며 육아 경험이 있으므로 가장 유능한 사람이기도 하다. 조부모가 자녀와 같은 집에 살면서 육아하면 탁아소에 데려다 주고 데려오는 번거로움도 피할 수 있다. 조부모는 인구감소 시대에 유일하게 시간상으로 여유가 있는 사람들이기도 하다. 조부모 외에도 남편과 형제자매도 육아에 적극 참여하도록 해야 한다.

여섯째, 만혼과 비혼을 방지하고 조혼을 끌어내야 한다. 지난 100년 동안 수명은 8배 이상 증가했지만, 아이를 낳을 수 있는 생리적 나이에는 변함이 없다. 아무리 아이를 낳고 싶어도 결혼이 늦어지면 낳을 수 없다. 현재 결혼 나이가 계속 늦어지고 있는데, 이른 나이에 결혼하도록 교육제도와 취업제도를 비롯한 각종 제도를 개선해야 한다.

일곱째, 효과가 평생 지속되는 정책 또는 노년에 발효되는 정책이 바람직하다. 출산수당의 효과는 출산수당을 받으면 끝난다. 아동수당의 효과는 자녀가 8세가 되면 끝난다. 이런 정책도 좋지만, 평생 또는 노년에 혜택을 주는 정책이 바람직하다. 사람들은 젊었을 때보다는 일을 할 수 없는 노년기를 걱정한다. 따라서, 자녀가 부모의 노후에 도움이 되도록 해야 출산율 상승에 효과가 크다.

여덟째, 돈을 쓰지 않는 정책을 지향해야 한다. 국가의 예산은 모두 국민의 세금이며 지출하는 데 한계가 있다. 돈으로 올리는 방법은 효과도 별로 없다. 또한 돈을 쓰지 않고도 출산율을 올릴 수 있는 정책이 얼마든지 있기 때문이다.

현재의 출산장려정책에는 저출산 문제의 본질과는 맞지 않는 정책들이 많다. 그 결과 많은 예산을 지출하면서도 출산율 상승효과가 없다. 저출산 문제의 본질을 생각하면서 출산장려정책을 정비할 필요가 있다.

인구 총리를 임명하라

현재 저출산 문제는 보건복지부에서 담당하고 있는데, 문제가 많다. 그 결과, 많은 예산을 지출함에도 출산율이 하락하는 것이다.

앞에서 서술하였듯이 복지를 강화할수록 출산율은 하락한다. 따라서, 출산율을 올리려면 복지를 축소해야 한다. 그런데, 복지부에서는 결코 복지를 축소하려 하지 않을 것이다. 오히려 저출산 문제를 해결한다는 명분으로 복지를 강화해 오지 않았던가? 따라서, **저출산 문제를 제대로 해결하기 위해서는 인구 총리를 임명하여 인구 총리가 맡아야 한다.**

둘째, 복지부는 저출산 문제도 복지의 시선으로 바라본다. 노란 안경을 쓰면 세상 모든 것이 노랗게 보이듯이 복지부는 저출산 문제도 복지 문제로 본다. 복지가 부족하여 저출산 문제가 발생하는 것으로 생각한다. 이렇게 복지의 틀을 깨지 못하는 복지부에서 저출산 문제를 담당하는 한 저출산 문제 해결은 절대 없다.

셋째, 저출산 문제는 돈을 쓰지 않고도 해결할 방법이 많다. 오히려 돈을 안 쓰고 해결하는 방법이 효과가 크다. 인간에게 영향을 주는 세상의 모든 것이 저출산에 영향을 준다. 특히, 국가 제도와 정치문제가 저출산에 큰 영향을 준다. 세금·언론도 영향이 매우 크다. 이런 문제에 대하여 복지부는 관심도 없고 해결할 능력도 없는 듯하다. 돈 더 달라고 해서 나눠주는 것 외에 할 수 있는 게 없다. 복지부는 저출산 문제를 해결하는 데 한계가 많은 것이다. 따라서, 국가 제도와 정치적 이슈, 세금, 언론에 적극적으로 뛰어들어 조율하고 해결해 나갈 인구 총리가 절대적으로 필요하다. 이러한 이유로, 일본에서는 2015년 10월에 '일본 1억 총활약상'이라는 부처를 신설한 것이다.

넷째, 보건사회연구원과 대학의 사회학과 교수들이 저출산 문제에 대한 논리를 복지부에 제공하는데, 이들 또한 상당수가 복지의 틀에 갇혀 있다. 이들에게서 나올 수 있는 답은 예산을 더 증액하여 더 많은 지원을 해줘야 한다는 것과, 삶의 질을 높이라는 식의 복지를 늘리라는 것밖에 없다. 이렇게 해서는 저출산 문제 해결은 불가능하다. 따라서 인구 총리를 임명하여 새로운 시각으로 새로운 조직과 함께 새롭게 출발해야 한다.

위와 같은 이유로 인구 총리를 임명하여 강력하게 저출산 문제를 해결해 나가도록 해야 한다.

PS 1

여기서 주장한 내용은 사실로 확인된 내용이 아닙니다.

PS 2

인구 총리는 복지 관련 인사와 사회학 전공 인사들을 모두 배제하여야 한다.

이들은 여전히 저출산 문제를 복지의 문제로 보기 때문이다. 노란 안경을

쓰고 있다. 이들이 저출산 문제를 담당하는 한 저출산 문제 해결은 불가능

하다.

저출산 예산

　우리나라 정부가 저출산 문제에 큰 관심을 두게 된 것은 출산율이 1.08명을 기록한 2005년부터이다. '저출산·고령사회기본법'을 제정하고 저출산·고령사회위원회를 설치하여 2006년부터 5년 주기의 저출산·고령사회 기본계획을 수립하였다. '저출산'이라는 이름으로 예산이 편성된 것은 2006년부터이다. 정부는 이때부터 저출산 분야에 많은 예산을 투입한다. 2006년 2.1조 원으로 시작하여 2011년에는 7.4조 원으로 증가한다. 2013년에는 무상보육이 시작되면서 13.5조 원으로 증가한다. 2016년에는 21.4조 원으로 증가하는데, 10년 만에 10배나 증가한 것이다. 2018년에는 26.3조 원, 2019년에는 아동수당이 신설되면서 32.4조 원으로 증가한다. 3년 만에 11조 원이 증가한 것이다. 2022년에는 저출산 예산은 더욱 증가하여 51조 7,000억 원에 이르는데, 출생아 수 24만 9,000명으로 나누면 아이 한 명당 2억 700만 원이나 된다.

정부의 저출산 대책은 결혼부터 임신과 출산, 보육, 교육, 취직까지 출산과 양육 환경을 개선하여 출산율을 끌어올린다는 것이다. 이를 위해 신혼부부 주거지원, 출산수당 지급, 난임부부 지원, 산모 의료지원, 육아휴직 지원, 무상보육, 교육지원, 아동수당 지급, 공공 어린이집 확대, 돌봄교실, 독감 무료 접종, 청년 일자리 지원 등 다양한 정책들을 시행했다.

이와 같은 저출산 정책 및 예산에는 많은 문제가 있다.

첫째, 저출산의 원인에 대한 정확한 진단 없이 예산을 투입하면 출산율이 올라갈 것으로 단정하고 예산을 집행한 것이다.

둘째, 많은 예산을 저출산 분야에 지출하고 있지만 출산율은 오히려 하락하고 있으며, 앞으로 저출산 예산을 더욱 늘려도 출산율은 오를 것으로 보이지 않는다. 그럼에도 기존 정책을 고수하고 있다는 것이다.

셋째, 아이 한 명당 2억 원 이상의 예산을 쓰고 있지만 아이의 부모는 그만큼 체감하지 못한다는 것이다.

넷째, 이렇게 많은 예산을 지출함에도 출산율이 오히려 하락하는 것에 대하여, 저출산과 관련이 없는 정책에 지출된 예산이 많아 실제 저출산 문제에 직접적으로 관련된 정책에 투여된 예산은 거의 없다고 주장을 한다는 것이다. 저출산 관련 정책에 문제가 많다는 것을 자인하는 꼴이다. 그럼에도 문제점을 고친다는 얘기를 들은 바가 없다.

다섯째, 저출산 예산의 성격이 불분명하다는 것이다. 이름은 저출산 예산인데, 실제 성격은 대부분 복지 예산이다.

여섯째, 저출산 정책들이 대부분 복지 성격의 출산과 양육 환경 개선을 위한 것이지 자녀의 필요성을 높이는 것은 거의 없다는 것이다. 신혼부부 주거지원과 지자체에서 지급하는 수백만 원의 출산수당만이 자녀의 필요성을 올리는 유일한 예산이다. 아이를 낳는 것은 부모인데, 부모를 위한 예산과 정책은 거의 없는 것이다. 아무리 결혼과 출산, 육아 환경을 개선하여도 출산율이 상승하지 않는 이유이다.

일곱째, 저출산 정책의 또 다른 문제는 정책이 너무 많고 국민에게 매력을 주지 못한다는 것이다. 정책의 종류가 너무 많아 정책을 제대로 아는 국민은 거의 없다. 저출산 정책이 효과가 있으려면 아이가 없는 사람들에게도 체감이 되고 아이를 낳고 싶은 마음이 생기도록 해야 한다.

여덟 번째, 많은 세금을 쓰면서 15년 동안 정책을 시행하였으나 그 결과는 참담하다. 그러면 책임지는 사람이 있어야 할 것이며, 잘못한 사람은 처벌받아야 할 것이나, 책임과 처벌은 고사하고 반성조차도 없다는 것은 큰 문제이다.

우리나라의 노인 복지 예산은 노인의 증가와 함께 꾸준히 증가하여 2022년 20조 4,420억 원을 기록하고 있다. 노인 복지 예산과 저출산 예산을 더하면 72조 1,420억 원이 되며 출생아 수 24만 9천 명으로 나누면 2억 9천만 원이나 된다. **국가에서 진심으로 출산율을 올리고자 한다면 이 예산으로 자녀 한 명당 2억 9천만 원씩을**

부모에게 지급하라. 그러면 출산율이 올라갈 것이다.

현재 우리나라의 저출산 문제는 얼마든지 해결할 수 있음에도 불구하고 번지수가 다른 곳에 예산을 쓴 결과 많은 세금을 낭비하면서 저출산 문제를 해결하지 못하는 것이다.

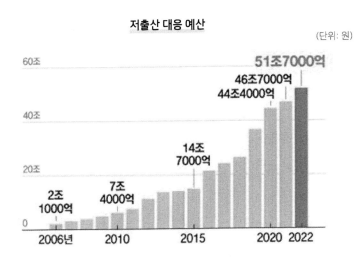

> 예산을 증액하는데도 출산율은 계속 하락한다. 필요성을 높이는 데 사용하지 않기 때문이다. (출처: The JoongAng)

교육제도와 저출산

　지난 100년 동안 수명은 8배 이상 증가했지만, 아이를 낳을 수 있는 생리적 나이는 변하지 않았다. 아무리 아이를 낳고 싶어도 결혼이 늦어지면 낳을 수 없다. 1930년대에는 15세 전후에 혼인하였는데 점점 늦어져 2019년에는 여성의 경우 30.6세를 기록하고 있다. 30세에 결혼하면 아이를 낳을 수 있는 기간은 10년 정도밖에 되지 않는다. 따라서, 현재와 같은 만혼을 앞당기지 않고서는 출산율 회복은 불가능하다. 이러한 만혼의 원인 중에 교육제도가 있다. 초등학교부터 대학까지 마치면 24세가 된다. 그런데, 대학 들어갈 때 재수, 삼수하고, 군대 다녀오고, 대학원 다니면 취업할 즈음에는 서른이 된다. 유학이라도 다녀오면 서른 중반이 된다. 점점 더 많은 사람이 고등교육을 받는 상황에서 이러한 교육제도를 개선하지 않고는 출산율 상승은 불가능하다.

　첫째, 우선 재수하지 않도록 대학입시에서 직통생을 우대해야 한다. 재수가 허용되지 않는 북한처럼 재수를 금지할 수는 없지만 직통생에게 가산점을 주어 재수를 줄여야 한다.

둘째, 대학 입학을 쉽게 하여 대부분 학생이 원하는 대학에 입학할 수 있도록 하며, 반면에 졸업은 어렵게 해야 한다. 이렇게 해야 어려운 대학입시 때문에 발생하는 재수가 사라지게 된다. 더불어 과외도 사라지게 되어 사교육비 부담도 줄어들게 된다. 입시 관련 비리도 사라지게 된다.

셋째, 현재의 6-3-3-4 학제가 만들어진 것은 1949년이다. 정부 수립 직후 미국의 교육제도를 모델로 하여 만들었다. 당시에는 학교 외에는 지식을 배울 곳이 없어 오랜 기간의 학교 교육이 필요했지만, 현재는 학교 외에도 책, 각종 기관, 학원, 기업, 유튜브, 인터넷, 라디오, TV 등 공부할 수 있는 곳이 수없이 많다. 다른 나라의 교육기관이나 학원에 다닐 수도 있다. 이런 상황에서 학교에서 오랜 기간 교육하는 것은 비효율적이고 부적절하다. 4-2-2-3으로 학제를 개편하든가, 월반 제도 또는 특별 제도를 만들어 대부분 학생이 초등학교를 3년, 중고등학교를 4년, 대학도 3년에 마쳐 대학까지의 정규교육을 18세에는 모두 마칠 수 있도록 해야 한다. 가장 머리가 잘 돌아가는 20대 중반까지 16년을 학교에서 보내야 한다는 것은 국가적으로도 개인적으로도 큰 손실이 아닐 수 없다. 교육 기간을 줄여, 20대 초에는 자신의 분야에서 열심히 일할 수 있도록 해야 한다.

넷째, 학업이 길어져 취업도 늦어지고 결혼도 늦어져 출산율을 하락시키고 있다. 특수한 분야를 제외하고는 고졸자를 우선으로 취업시켜야 한다. 고졸 취업 후 직장과 학업을 같이 할 수 있도록 해야 한다. 특히, 공무원은 고졸자 위주로 뽑아 국가가 모범을 보여야 한다.

다섯째, 여러 형태의 사회적 교육기관과 연계하여 교육의 내용과 질을 다양화하고, 평생 교육을 받을 수 있도록 해야 한다. 현재도 평생 교육을 받을 수 있지만, 더욱 다양하고 손쉽게 교육을 받을 수 있도록 해야 한다.

또한, 학교 교육에서 직장 교육으로 변화해야 한다. 학교 교육은 줄이고 직장에서 받는 교육은 늘려야 한다. 현재는 16년 동안 학교에 붙들어 두고 교육하는데, 직장에서 일하면서 교육을 받을 수 있도록 해야 한다. 그래야, 이른 나이에 직장으로 나갈 수 있다.

교육을 마치고 취업하면 서른이 되는 우리나라의 교육제도를 고치지 않고서는 출산율 회복은 불가능하다. **도대체 나이가 30 가까이 되도록 학교에서 붙잡아 두는 것이 말이 되는가? 우리나라와 같이 늦은 나이까지 학교에 다니는 나라를 보라. 모두 저출산 국가이다. 또한 고학력자일수록 출산율이 낮지 않은가?** 저출산 예산에 51조 이상의 세금을 쓰기 전에 시대에 뒤떨어지고 국가와 국민 모두에게 도움이 안 되는 교육제도를 당장 개선해야 할 것이다.

남녀 공학

영업 부서 직원들은 매일 고객에게 찾아간다. 일이 있건 없건 무조건 고객에게 찾아간다. 고객의 니즈를 파악하고 필요한 정보를 얻을 목적도 있지만 무조건 찾아가는 경우도 많다. 인간은 모르는 사람에게 본능적으로 경계심을 갖는다. 태곳적부터 자신의 안전을 지키기 위하여 모르는 사람은 경계하라고 유전자에 새겨져 있다. 이러한 경계심을 깨뜨리기 위하여 영업직원은 매일 고객을 찾는다.

남녀도 마찬가지이다. 남중, 남고, 공대, 군대 나오고 남초 직장에 근무하고 있는데, 결혼할 나이가 되었으니 결혼하라고 하면 당황스럽다. 여성은 익숙하지도 않고 어떻게 해야 할지도 모른다. 귀찮기도 하다. 그냥 일이나 하면서 지내고 싶다.

여성도 마찬가지이다. 여중, 여고, 여대 나오고 여초 회사에서 일하는 데, 이제 결혼할 나이가 되었으니 결혼하라고 하면 당황스럽다. 어디서부터 어떻게 시작해야 할지 모른다. 남자가 친근하지도 않다. 직장생활하고 여가를 즐기는 현재의 생활에 익숙해져 있는데,

결혼하여 이러한 편안함을 깨뜨리고 싶지도 않다. 그래서, 결혼하라는 소리에 크게 저항한다.

이렇게, 이성 간에 친밀감도 없고 서로 이해도 못 하니 연애도 안하고 결혼도 안 하는 것이다.

이러한 이성 간의 간극을 없애기 위해서는 자주 접촉해야 한다. 유치원 때부터 결혼할 때까지 남녀가 같이 놀고 같이 공부해야 한다. 그래야 커서도 남녀가 친한 친구처럼 자주 교류하게 된다.

혼인율을 높이고 출산율을 높이기 위해서 이성 친화적인 사회를 조성해야 한다. 남중, 남고, 여중, 여고, 여대를 모두 남녀공학으로 바꿔야 한다. 남녀공학에서도 반을 남녀로 나누는 경우가 대부분인데, 남녀 합반으로 바꿔야 한다. 이렇게 하면 결혼과 출산율이 한층 올라갈 것이다.

PS

노르웨이 군대에서는 남녀 모두 같은 내무반에서 지낸다. 여군의 말에 의하면 같이 지냄으로써 남성을 많이 이해하게 되었다고 한다. 우리나라에서도 군대에서도 남군, 여군 가르지 말고 같은 내무반에서 지내면서 같이 잘 어울리도록 해야 할 것이다.

저출산을 조장하는 국가 제도

저출산 문제가 심각함에도 저출산을 조장하는 정책들이 다수 있다.

전기 요금 누진제

전기 요금을 전기 사용량에 따라 결정하여 부과하는 제도로 1974년도에 도입됐다. 현재 누진제는 3단계다. 전력 사용량이 200kWh 이하에서는 kWh당 93.3원을 적용하지만, 2구간(201~400kWh)에는 187.9원, 3구간(400kWh 초과)에는 280.6원을 적용한다. 전기 사용량은 가구원 수에 따라 증가하기 때문에 다자녀가구는 더 비싼 전기 요금을 납부하게 된다. 조부모까지 모시고 사는 가구는 더욱 비싼 요금을 납부하게 된다. 이처럼 독신 가구에는 싼 요금을 적용하고 다자녀가구에는 비싼 요금을 적용하는 전기 요금 누진제를 하루 빨리 개선해야 할 것이다.

건강보험 피부양자 자격 제한

은퇴하면 국민연금으로 노후를 즐기면서 편안하게 지내는 꿈을 꾸는 데, 건강보험료 때문에 많은 사람이 걱정이다. 자녀의 피부양자로 등록하여 건강보험료를 면제받을 것으로 기대했었는데, 은퇴할 즈음이 되니 피부양자 자격을 강화하여 집 하나 있고 국민연금 받는다고 자격을 박탈한 것이다. 자녀가 있는 부모가 받은 유일한 혜택이 건보료를 면제받는 것이었는데 이마저도 박탈한 것이다. 보건복지부는 이렇게 자녀의 가치를 하락시키고도 출산율이 왜 하락하는지 모르는 모양이다. 출산율을 올리려면 피부양자 자격을 원상복구해야 할 것이다.

기초노령연금

기초노령연금은 소득인정액이 단독가구는 213만 원 이하, 부부가구는 340.8만 원 이하여야 한다. 단독가구에 유리하게 되어 있는 것이다. 최소한 부부가구는 단독가구의 2배인 426만 원으로 되어야 하는 것 아닌가?

산정 금액에서도 부부가구는 20%를 감액한다. 이혼하여 혼자 사는 독신보다 20%를 덜 받는다. 이와 같은 제도는 이혼을 유발하는 것이나 마찬가지이다. 보건복지부는 이러고도 출산율이 오르기를 바라는 건지 의심스럽다.

이외에도 독신에게 유리하고 부부와 다자녀 가구에 불리한 제도가 많을 것이다. 적어도 불리하지 않게는 해야 할 것이다. 이러한 제도부터 먼저 고치고 국민에게 아이 낳으라고 설득해야 할 것이다.

저출산을 조장하는 방송

'나 혼자 산다'라는 방송 프로그램이 있다. 참으로 이름부터 재수 없는 프로그램이다. 혼자 사는 연예인을 미화하여 결국에는 독신을 조장한다. 이런 방송은 저출산을 조장하니 폐지하라고 해도 들은 척도 않는다. 아무리 언론의 자유를 보장해야 한다지만 나라를 좀 먹는 이런 방송을 그냥 두어야 하겠는가?

'돌싱포맨'이라는 프로그램도 있다. 돌싱 네 명을 모아놓고 이들의 삶을 미화하여 독신을 조장하는 듯하다.

'결혼 지옥'은 결혼의 부정적인 면을 부각하여 결혼하고 싶은 생각이 안 들도록 한다.

이 밖에도 '결혼은 미친 짓이다', '결혼 전쟁', '결혼 말고 동거' 등의 재수 없는 프로그램도 있다.

드라마에도 결혼을 부정적으로 보게 하는 드라마가 있다. '며느라기'는 시집의 부정적인 면을 부각하여 결혼 생활을 두렵게 한다.

방송통신위원회는 결혼과 출산을 저해하는 이런 방송을 제재해야 할 것이다.

개에 관한 프로그램도 여럿 있다. '나쁜 개는 없다', '개는 훌륭하다', '잘살아보시개' 등이 보인다. '고양이를 부탁해'라는 프로그램도 있다. 애완동물은 자녀에 대한 정서적인 욕구의 대체재로서 이들도 출산율을 낮추는 효과가 있다. 이런 프로그램도 바람직하지 않다.

위 프로그램뿐만 아니라 다른 프로그램도 저출산을 조장하는 프로그램에 대해서는 제재도 하고 읍소도 하여 방송이 출산율 회복에 도움이 되도록 해야 할 것이다. 또한 인구 총리는 프로그램에도 적극 개입하여 **아이 낳는 사회 분위기를 만들어 나가야 할 것이다.**

요즘에는 인터넷 방송이나 유튜브 방송도 수없이 많은데, 방송통신위원회와 인구총리실에서는 그런 방송에도 찾아가고 호소하고 읍소하여 저출산 조장 프로그램이 출산 장려 프로그램으로 바뀔 수 있도록 해야 할 것이다.

PS

정부가 방송에 개입하는 것은 위헌이라고 반발하는 사람이 있을 텐데, 나라가 망하면 헌법이고 인권이고 민주주의가 무슨 소용 있겠는가?

보편적 복지에서 선택적 복지로

　우리나라는 민주주의 국가다. 정부 요직을 선거로 뽑는다. 그 결과 후보들은 온갖 복지를 내건다. 돈을 뿌리면 표를 얻을 수 있으니, 나라가 망하건 말건 말이 되건 안되건 온갖 복지를 공약한다. 그래서, 선거를 치를 때마다 새로운 복지가 더해지거나 강화된다. 그래서, 현재는 복지 천국이 되었다.

　탈북자들이 말하곤 한다. 남한에 와보니, 북한에서 김일성이 얘기하던 사회주의 지상낙원이 남한에서 실현된 것 같다고 한다. 이밥에 소고깃국은 언제든지 먹을 수 있으며, 나라에서 생활비도 주고, 일자리도 알선해 주고, 월급도 주고, 쌀도 나눠주고, 집도 나눠주고, 가을에 되면 김장 김치도 주고, 학교는 공짜이고, 아프면 병원에서 거의 무료로 치료해 주고, 여기저기 공원이 있어 수시로 즐길 수 있고…. 김일성이 선전하던 사회주의가 남한에서 실현된 것 같다고 한다.

　이러한 복지가 나쁘다는 것이 아니다. 문제는 뭐든지 지나치면

독이다. 현재 우리나라는 지나친 복지와 평등사상으로 아이를 낳아 키울 필요가 없는 것이다. 수고하고 큰 비용을 들여 아이 낳고 키워봐야 아무런 이익이 없는데, 미치지 않고서야 누가 낳아 키우겠는가?

따라서, 현재 시행되고 있는 보편적 복지를 폐지하고 꼭 필요한 사람에게만 실시하는 선택적 복지로 변경해야 한다. 이것은 대단히 어려운 일이나 국민을 설득하여 변경해야 출산율이 오를 수 있다.

또한 선거 때마다 강화되는 복지를 막기 위하여 복지 사항에 대해서는 복지관리 위원회를 두어 거기서 승인을 얻도록 해야 할 것이다. 선거 때 복지 공약을 하지 못하도록 법을 만들고, 복지관리위원회에서 관리해야 할 것이다. 새로운 법을 만들 때도 복지관리위원회의 승인을 받도록 해야 할 것이다.

이 망국적 복지와 무분별한 복지 공약을 막지 못한다면 대한민국의 쇠락도 막지 못할 것이다. 우리나라는 이미 지옥행 열차에 올라탔음을 명심하기를 바란다.

PS 1

요즘에는 정치인뿐만 아니라 연예인, 방송인들도 약자 편을 든다. 어떤 영화배우는 난민을 받아들여야 한다고 주장한다. 전쟁을 피해 세계를 떠도는 오갈 데 없는 난민을 받아들여 그들이 편안히 살게 해줘야 한다니 이 얼마나 아름다운 주장인가? 사회적 이슈가 있을 때마다 그 관련 단체에 기부하는 연예인도 있다. 이 또한 얼마나 따뜻한 마음인가? 장애인, 어린이, 노약자 등의 사회적 약자에 대하여 복지를 강화하라고 주장하는 연예인도 있다. 정기적으로 봉사 활동에 나서는 연예인도 있다. 이들은 본래 아름다운 마음을 가져서 이런 행동을 하는 예도 있겠지만 연예인은 대중의 인기를 얻어야 하는 직종이기 때문에 대중의 인기를 위하여 하는 예도 있다. 난민을 옹호하고 기부하고 약자의 편에 서면 인기가 올라간다. 이미지도 좋아진다. 연예인으로서는 인기를 얻는 손쉬운 방법이며 완전히 남는 장사이다.

이런 기부와 봉사 활동, 약자 지원 등은 방송을 타고 사회 전체로 퍼져 포퓰리즘 분위기를 조성한다. 이것은 복지의 향상, 사회주의의 강화, 저출산으로 귀결된다.

모두가 평등하게 잘살자는 따뜻하고 정의로운 사회주의가 국민 모두를 거지로 만들듯이 따뜻함과 정의로 포장된 연예인들의 이런 활동이 대한민국을 망국으로 이끈다.

대한민국을 위해서는 연예인들의 포퓰리즘 조장 행위를 반드시 막아야만 할 것이다.

PS 2

신문, 방송, 기자도 연예인과 속성이 비슷하다. 방송에 자주 나오는 교수들도 마찬가지이다. 인기가 사업으로 연결되는 분야는 모두 마찬가지이다. 이들도 대중의 인기를 얻어야 하기 때문이다. 약자 편을 들면 인기를 얻게 되기 때문에 약자 편을 든다. 진실과 상관없이 대중이 듣고 싶어 하는 말만 한다. 이렇게 손쉬운 방법이 없다.

방송통신위원회에서는 신문, 방송이 이런 포퓰리즘을 조장하지 않도록 하여야 할 것이다.

PS 3

여기서 주장한 내용은 사실로 확인된 내용이 아닙니다.

소득세를 면제해라

　헝가리에서는 자녀가 4명 이상인 여성에게 평생 소득세를 면제해 주고 있는데, 헝가리에 비하면 우리나라의 세액 공제는 너무 적다. 현재 자녀 1명당 150만 원을 소득에서 공제해 주고 있는데 혜택이라고 느끼기에는 너무 적다. 확실하게 이익이 되도록 해야 한다. 자녀 한 명당 소득세의 25%씩 공제해 주어 네 명의 자녀를 둔 여성은 100% 면제되도록 해야 한다.

　이 방법은 출산의 결정권을 갖고 있는 여성, 특히 고소득/고학력 여성의 출산율을 끌어올려 단번에 저출산 문제를 해결할 것으로 기대된다.

소득세를 부모에게 돌려줘라

자녀가 커서 취직하여 월급을 타게 되면 소득세를 납부하는데, 그 소득세를 부모에게 돌려줘라. 과거 농경시대에 자녀가 농사를 지어 부모를 부양한 것처럼 자녀가 취직하여 월급을 타면 납부하는 소득세를 부모에게 돌려주는 것이다. 대신에 국민연금과 노령연금은 폐지한다. 이렇게 하면, 자녀는 자신이 납부하는 소득세가 부모에게 지급되어 좋고, 부모는 자녀가 납부하는 소득세를 월급처럼 받아 좋다. 자녀가 예뻐 보이지 않을 수 없다.

정부는 출산율이 상승하여 인구감소 문제가 해결되어 좋고, 출산율이 상승하여 경제가 좋아져 궁극에는 세수가 증가하니 좋다. 또한 고갈이 예상되는 국민연금을 대체할 수 있어 좋다.

이 제도를 시행하면 세수가 감소할 수 있다. 2018년 소득 세수가 전체의 약 30.4%인 86조 정도 되는데, 부모가 없는 사람이 납부한 소득세는 국고에 들어가고, 부모도 소득세를 내게 되니 실제 세수 손실은 60조 정도 될 것으로 추정된다. 저출산 고령화 정책 예산이

60조 원에 가까우니 실제 세수 손실은 거의 없다. 만약 세수 손실이 크다면, 부모에게 지급되는 비율을 조정하여 해결할 수 있다. 이 방법은 출산율 상승과 경제 성장에 도움이 되기 때문에 장기적으로는 세수에도 도움이 될 것이다.

독신세

독신세란 아이를 낳지 않은 사람에게만 부과하는 세금을 말한다. 출산율이 끝없이 하락하자 독신세를 부과해야 한다는 주장이 여러 나라에서 나오고 있다.

지금까지 전 세계에서 독신세를 부과한 경우는 로마제국과 소련뿐이다.

로마제국

자녀가 없는 독신 여성은 50세가 넘으면 어떤 상속권도 인정받지 못하게 되었다. 그뿐만아니라 2만 세스테르티우스 이상의 재산을 가진 독신 여성은 결혼하여 아이를 셋 낳을 때까지 수입의 1퍼센트를 국가에 바쳐야 했다. 또한 독신 여성이 5만 세스테르티우스 이상의 재산을 갖고 있으면 50세가 되자마자 재산을 다른 사람에게 양도해야 했다. 남자의 경우는 여자처럼 직접세를 내지는 않았지만, 첫아이가 태어나야만 비로소 법정 상속인이 아닌 다른 사람에게도 유산을 상속할 권리를 가질 수 있고, 법정 상속인이 아니라도 유산을 상속받을 권리를 가질 수 있었다. 이 법률은 친구나 친지에게도 유산을 상속하는 것이 일반적이었던 로마제국에서는 큰 영향을 미쳤다. 이러한 독신세는 출산율 회복에 큰 영향을 끼친 것으로 추정된다.

소련

과거 소련에서는 제2차 세계대전 기간 인구가 급격히 감소하자 스탈린의 주도로 1941년 무자녀 세를 도입한 바 있다. 자녀가 없는 20~50세 남성과 20~45세 기혼 여성이 임금의 6%를 세금으로 내도록 했다. 소련의 출산율은 빠르게 하락하다가 독신세 시행 4년 후인 1945년(2.45명)부터 출산율 하락이 완만해져 소련의 망국 즈음인 1990년에는 2.12명을 기록하였다. 독신세가 상당히 출산율에 영향을 줌을 알 수 있다.

로마제국과 소련의 사례에서 보듯이 독신세는 상당히 효과가 있음에도 불구하고 현대 민주국가에서는 실행하지 않는다. 독신세를 부과하면 표가 떨어지기 때문에 어느 국회의원도 독신 세법을 만들려 하지 않기 때문이다. 정부도 인기가 떨어지는 독신세를 결코 시행하려 하지 않는다.

그런데, 실제는 독신세를 다른 방법으로 적용하고 있다. 자녀가 있는 사람에게 소득공제, 주택청약 가점, 대출 등에서 각종 혜택을 주고 있다. 독신세를 부과할 수 없으니 자녀가 있는 경우 혜택을 주는 것이다. 독신과 자녀 있는 사람을 차별하는 것이니 실질적으로 독신세이다.

2자녀 가구와 독신자의 조세 부담 차이를 보면 폴란드가 21.7%로 가장 크다. 유럽의 여러 국가는 10% 이상이다. 즉, 유럽 국가는 대부분 10% 이상의 독신세를 부과하고 있다. 반면에 우리나라는 3.8%에 지나지 않는다. 3.8%의 독신세를 부과하고 있는 것이다. 출산율이 세계 최저인 우리나라는 이러한 독신세를 세계 최고 수준으로 부과해야 가시적인 출산율 상승을 기대할 수 있을 것이다. 즉, 자녀가 있는 가구에 22% 이상의 세금을 깎아 주어야 서유럽 국가만큼이라도 출산율이 올라갈 것이다.

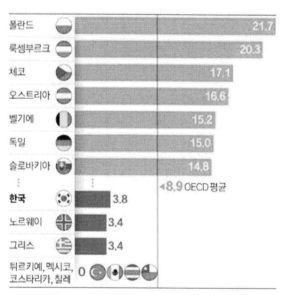

2자녀 가구(홀벌이) – 독신자 조세 부담 차이

(단위: %)

폴란드	21.7
룩셈부르크	20.3
체코	17.1
오스트리아	16.6
벨기에	15.2
독일	15.0
슬로바키아	14.8
한국	3.8
노르웨이	3.4
그리스	3.4
튀르키예, 멕시코, 코스타리카, 칠레	0

◀8.9 OECD 평균

자료: 경제협력개발기구(OECD)

The JoongAng

두 명 이상의 자녀가 있는 자에게만 후보 자격 부여

학생들은 좋은 대학을 나와 좋은 직장에 들어가기 위하여 열심히 공부한다. 성인이 되면 많은 돈을 벌거나 자신의 꿈을 실현하기 위하여 열심히 일한다. 그런데, 우리가 아이를 낳아야 하는 이유는 특별히 없다. **아이가 재미도 주고 행복도 준다지만 그 정도는 강아지도 한다.** 농경시대에는 자녀가 커서 부모를 부양했지만, 지금은 부모를 부양하는 자녀는 없다. 아이를 낳아 키웠을 때 기대되는 이익이 없는 것이다. 결혼했으면 아이는 하나 있어야 할 것 같아 낳는데, 키우는 수고가 상당하여 더 이상 낳지 않는다. 이처럼 아이를 낳을 필요가 없으며 출산과 양육에 따른 이익이 없다. 자녀에게 많은 비용과 수고가 들어가는데 이익은 없는 것이다. 가치가 있어야 비용을 지불하고 구매하는데 가치가 없으니 구매하지 않는다. 출산율을 높이기 위해서는 자녀의 가치를 높여야 한다. 자녀가 있음으로써 행복하고, 욕구가 충족되고, 이익이 되게 해야 한다.

두 명 이상의 자녀가 있는 자에게만 후보 자격 부여

두 명 이상의 자녀가 있는 자에게만 선출직 공무원 후보 자격을 부여하라. 대통령, 국회의원, 도지사, 시장, 시의원, 구의원 등 모든 선출직 공무원 선거 시에 두 명 이상의 자녀가 있는 자에게만 후보 자격을 부여 하는 것이다.

지금과 같은 저출산 시대에는 국방의 의무만 의무가 아니다. 아이를 낳아 잘 키우는 것도 국민의 의무이다. 이런 의무조차 안 하는 사람이 그런 자리에 있으면서 아이를 낳으라고 한다면 어떤 국민이 호응하겠는가?

선출직 공무원의 영향력이 크기 때문에, 이 제도를 시행하면 아이 낳는 사회로 분위기 전환에 큰 도움이 될 것이다.

자녀 있는 공무원에게 혜택을 줘라

장·차관, 국장, 부장 이상의 판검사 등 고위직 공무원도 두 명 이상의 자녀가 있는 자로 한정한다.

공무원 채용 시에는 자녀 한 명당 5%씩 가산점을 줘라. 승진 시에도 가산점을 줘라.

공무원과 공기업은 선망받는 직장이고, 공무원이 모범을 보인다는 측면에서 바람직하다.

PS 1

넷 이상의 아이를 낳은 여성에게 유공훈장을 주고, 다양한 혜택을 주도록 하

자. 저출산 시대에 아이를 많이 낳는 것은 국가에 크나큰 공로이다.

PS 2 출산의무

우리나라 헌법에는 교육·근로·납세·병역의 4대 의무를 명시하고 있는데, 출산을 추가해야 할 것이다. 출산이 교육·근로·납세·병역의 전제 조건이기 때문이다. 국민이 있어야 교육도 하고 근로도 하고 납세도 하고 나라도 지킬 것이 아닌가!

자녀 한 명당 3억 원씩 지급하라

　2022년 저출산 예산은 51.7조 원인데 이것을 출생아 수 24만 9천 명으로 나누면 한 명당 2억 700만 원이 된다. 노인복지예산 20조 4,420억 원까지 더하면 72,142조 원이 되는데, 출생아 한 명당 2억 9천만 원이 된다. 2023년에는 예산은 더욱 증가하고 출생아 수는 20만 명 정도로 크게 줄었으므로 3억 원을 훌쩍 넘을 것이다. **이 예산으로 자녀 한 명당 3억 원씩을 부모에게 주는 것이다.** 한꺼번에 주는 것이 아니라 아이가 5세 때까지 1억을 주고, 부모가 65 넘었을 때 나머지 2억을 연금 형식으로 준다. 이렇게 하면, 자녀가 셋인 경우 총 9억 원을 받아 돈 걱정하지 않고 살 수 있다. 이 방법은 모든 부모에게 자녀의 수에 따라 같은 금액을 지급함으로써 부의 대물림과 같은 사회적 갈등을 피할 수 있다. 이렇게 하면 저출산 문제뿐만 아니라 고령화 문제도 해결할 수 있다. **국민연금과 기초연금 등을 통합하여 국민연금 고갈 문제도 해결할 수 있다.**

여성도 국방의 의무를 수행하라

전쟁이 일어나면 온 국민이 피해를 본다. 패망하면 온 국민이 죽거나 노예 상태가 된다. 그래서, 온 국민에게 국방의 의무가 있다. 그런데, 현재 남성만이 국방의 의무를 지고 있다. 과거에는 전쟁에 체력이 중요했기 때문에 남성만 국방의 의무를 수행한 것 같은데, 현재에는 체력이 약해도 얼마든지 군인으로 싸울 수 있다. 행정을 맡을 수도 있다.

과거에는 여성이 많은 집안일을 하고 아이를 많이 낳아 키웠는데, 현재는 그렇지도 않다. 특별히 불이익을 받는 것도 없다. 오히려 혜택을 받고 있다. 따라서, 여성도 국방의 의무를 해야 한다. 단, 아이를 낳은 경우에는 면제해 준다. 여성·남성 모두 똑같이 면제해 준다.

이 제도를 시행하면 이스라엘처럼 출산율이 상승하여 장기적으로는 군병력 확보에 도움이 될 것이다. 또한 **결혼하는 분위기가 조성되고 조혼을 유도하는 효과도 기대된다.**

아이 낳는 분위기를 만들어라

이스라엘에서는 아이가 셋 이하면 사죄해야 하는 분위기라고 한다. 그런데, 우리나라에서는 아이 안 낳고 살아도 너무나 떳떳하다. 자신은 딩크족이라며 대놓고 말하고 다닌다.

저출산으로 나라가 위기로 빠져들고 있는데, 이런 분위기가 되어서는 안 된다. 앞으로는 결혼 안 하고 아이 없는 사람이 떳떳하게 공직을 맡아서는 안 된다. 다른 주요 공직도 아이 없는 사람이 맡아서는 안 될 것이다.

자신은 딩크족이라는 소리를 아무렇지 않게 할 수 있는 세상이 되어서는 결코 안 된다.

인구 총리는 국민을 찾아가고 설득하여 아이 낳는 분위기를 만들어야 할 것이다.

또한 대놓고 솔로 찬양하는 방송에 대하여 그들이 무슨 죄를 짓고 있는지 깨닫게 해야 할 것이다. 방송이 아이 많이 낳는 분위기를 만드는 데 앞장서도록 해야 할 것이다.

가족을 통하여 복지를 하라

지나친 복지 때문에 자녀의 필요성이 사라졌다. 그 결과 아이를 안 낳게 된 것이다. 출산율을 올리려면 가족이 소중하게 느껴지도록 해야 한다. 그러기 위해서는 가족을 통하여 복지를 해야 한다.

가족을 통한 복지는 아래와 같은 다양한 방법으로 할 수 있다.
- 아이를 키울 때 조부모가 부모와 함께 양육하도록 하고 정부는 조부모에게 양육비용을 지급한다.
- 자녀의 공부를 부모가 지도하는 경우, 그 비용을 부모에게 지급한다. 요즘과 같이 가정 교육이 부실한 사회에서 가정 교육에 많은 도움이 될 것이다.
- 부모와 자녀가 현장 학습을 갈 때에도 부모 수당을 지급한다.
- 부모가 아파 간병이 필요할 때는 가족이 간병하도록 하고 그 비용을 간병하는 가족에게 지급한다.
- 자녀가 아파 부모가 간병할 때도 부모에게 간병비를 지원한다.

• 각종 공연이나 행사에 가족이 함께 오면 우대해 준다.

이와 같은 방식으로 가족을 통하여 기쁨을 누릴 수 있도록 하면 가족이 소중하게 느껴져 출산율 상승으로 이어질 것이다.

PS

필자는 1979년 고등학교 3학년 때 큰 병을 앓았다. 나중에야 알게 된 것이지만 부신수질 갈색 호르몬 종양이라는 희귀한 병이었다. 큰 병원에서 어렵게 병을 고쳤다. 당시 병원비가 350만 원이 나왔는데, 이 돈은 서울에서 단독주택을 한 채 살 수 있는 큰돈이었다. 1977년에 건강보험이 시작되었지만, 일부 사업장에만 적용되었기에 저 큰돈을 모두 납부해야 했다. 아버지는 소 팔고 가을에 추수한 벼도 다 팔았다. 돈 되는 것들은 거의 다 팔았다. 형들도 번 돈을 다 보탰다. 그 돈으로 병원비를 납부하였다. 내가 구사일생으로 살아서 집에 돌아왔을 때 온 가족이 기쁜 눈으로 나를 반겨주었다. 곳간은 텅 비었지만, 누구하나 원망하지 않았다. 나는 부모님과 형제에게 매우 미안했으며 한없는 감사함을 느끼게 되었다. 가족의 소중함도 간직하게 되었다. 평생 보답하려 노력하게 되었다.

복지가 좋지만 어려울 때 복지가 모든 것을 다 해 주면 가족의 소중함은 사라진다. 먼저 가족에게만 있을 수 있는 감동을 복지가 앗아가지 말아야 할 것이다. 어려운 사람을 당연히 도와줘야 하지만 가족의 영역은 침범하지 않으면서 도와줘야 할 것이다.

복지가 가족을 대체하면 가족은 사라진다.

증여세·상속세를 폐지하라

1970년대까지만 해도 가족의 경제는 가족 전체 단위로 움직였다. 부모의 재산과 자녀의 재산에 구분이 없었다. 자녀가 돈을 벌면 부모님께 드렸다. 가족 중의 한 명이라도 돈을 벌게 되면 온 가족이 혜택을 누렸다. 가족이 소중할 수밖에 없었다. 그런데, 어느 순간부터 증여세가 자리 잡더니 가족 간에도 세금을 물리기 시작했다. 각종 세금도 개인 단위로 부과되었다. 이로써 경제 범위가 개인으로 점점 한정되었다. 핵가족화와 더불어 이러한 증여세가 가족을 더욱 단절시킨다. 자산이 공유되지 않으면 그만큼 부모-자녀 간의 거리도 멀어진다. 이러니 자녀가 커서 독립하면 이웃사촌만도 못 하게 된다. 이렇게 해서는 누가 아이를 낳아 키우겠는가? 부모가 자식 키운 보람을 느끼도록 해야 한다. 개인 위주로 돌아가는 세상을 가족 단위로 돌아가게 해야 한다.

상속세도 마찬가지이다. 부모님이 돌아가시면 당연하게 물려받던 재산에 어느 순간부터 많은 세금이 부과되기 시작했다. 부모와 자녀는 가족이 아니라 남이라고 규정하는 것만 같다. 부모-자식 간에 거리감을 느끼게 한다. 상속세·증여세는 가족의 가치를 좀 먹는 것들이다. 각종 세금도 저출산을 고려하여 개인에서 가족 중심으로, 가족의 가치를 올리는 방향으로 개편되어야 할 것이다.

가족의 가치를 높여라

잘난 아들은 국가의 아들
돈 잘 버는 아들은 사돈의 아들
빚진 아들은 내 아들

아들은 사춘기가 되면 남남이 되고
군대에 가면 손님
장가가면 사돈이 된다

아들은,
태어날 때는 내 새끼
사춘기가 되면 웬수 덩어리
대학생이 되면 남남
군대 가면 손님
장가가면 사돈의 8촌

애 낳으면 동포

이민 가면 재외 동포

장가간 아들은 희미한 옛 그림자

며느리는 가까이하기엔 너무 먼 당신

딸은 아직도 그대는 내 사랑

자녀들을 모두 출가시키면

아들은 큰 도둑

며느리는 좀도둑

딸은 예쁜 도둑

요즘 카톡방에서 많은 공감을 받으며 널리 퍼지고 있는 유머이다. 자녀를 키운 부모의 심정이 고스란히 담겨 있다. 그런데, 어디에도 자녀를 키운 보람은 없고 회한만 가득하다. 많은 공을 들여 자녀를 잘 키웠는데도 아무런 이익이 없기 때문이다. 이런 현상을 가져온 제도와 사회 분위기를 바꾸지 않고서는 출산율 회복은 결코 없을 것이다.

저출산 문제 해결을 위하여 반드시 개선되어야 하는 것이 가족의 가치이다. 자녀를 낳지 않는 것은 자녀의 가치가 부모가 지출하는 비용보다 적기 때문이다. 따라서 출산율을 높이려면 자녀의 가치는 높이고, 자녀에게 들어가는 비용은 낮추어야 한다. **자녀가 있음으**

로써 부모가 행복하고 이익이 되도록 하여야 한다. 즉, 경제적으로 혜택이 가게 하고, 신체적으로 안전하게 살 수 있도록 하며, 자녀가 있어서 가정이 행복해질 수 있도록, 자녀가 있어서 존중받을 수 있도록, 자녀가 있어서 자아실현 하는 데 도움이 되도록 해야 할 것이다. 이런 것을 국가가 직접 하지 말고, 가족이 할 수 있도록 뒤에서 지원해야 한다.

국가가 가족을 대체하면 가족은 사라진다.

출산율과 관련 요소와의 관계

출산율 $\propto$	**출산 유인 요소** 가족의 가치 증가, 세금감면 공직 우선권, 취업 우선권, 주택 우선권 양육 지원, 근로조건 개선
	출산 억제 요소 안전 개선, 복지 강화, 세금 증가 사회주의화, 인권 개선, 세계화 빈부격차, 도시화, 개인화, Fun 교육 기간증가, 바쁜 생활

» 출산 유인 요소가 증가하면 출산율은 올라가고, 출산 억제 요소가 증가하면 출산율은 낮아진다. 유럽의 정신과 제도, 문물이 전 세계를 지배하고 있는 현대사회에서는 출산 억제 요소가 압도적으로 강하다. 출산율을 높이기 어려운 이유이다.

자녀가 없는 사람들이 말하는 아이를 낳지 않는 이유

경제적으로 부담이 된다.	47%
자식을 낳기에는 너무 젊다.	47%
직업상 아이를 낳기가 어렵다.	37%
아직 적당한 배우자를 찾지 못했다.	28%
최대한 여유 있게 살고 싶다.	27%
하고 싶은 일이 너무 많다.	27%
자식은 너무 힘들다.	27%
최대한 독립적으로 살고 싶다.	26%
친구들을 만날 시간이 줄어든다.	19%
파트너와의 관계에 확신이 없다.	17%
직장에서 불이익을 당할까봐 겁난다.	16%

》 독일에서 18세에서 44세까지 1,257명을 조사했고 그중에서 575명이 자녀가 없었다 (2004년). 대부분의 응답이 본질적으로 '자녀가 필요 없다'라고 말한다. 자녀의 가치를 높이지 않는 한 출산율 회복은 어려울 것임을 암시한다. (출처: 알렌바허문서실, IfD-설문조사 5177)